重讀經典

從先秦到民國

梁德華 著

責任編輯：羅國洪
封面設計：FLIP by ALICE

重讀經典——從先秦到民國

作　　者：梁德華

出　　版：匯智出版有限公司
香港九龍尖沙咀赫德道 2A 首邦行 8 樓 803 室
電話：2390 0605　　傳真：2142 3161
網址：http://www.ip.com.hk

發　　行：聯合新零售（香港）有限公司
香港新界荃灣德士古道 220-248 號荃灣工業中心 16 樓
電話：2150 2100　　傳真：2407 3062

版　　次：2025 年 2 月初版

國際書號：978-988-70507-1-1

目錄

附錄

張序

張雙慶

香港中文大學中國語言及文學系教授

香港都會大學榮譽大學院士

梁德華博士把他這些年的論文結集，出版《重讀經典——從先秦到民國》這本書，顯示了這些年他的工作成績，可喜可賀。我和他的專業不太相同，但都有一個中大中文系培養出來的學生的共同點，從好處說是知識面比較廣，關注點比較雜；壞處是什麼東西都涉獵一些，有欠專精。我們曾合作過必修課《音韻學》，他為我帶導修，課程要求他講《語音學》，他也能應付裕如，顯示他在中文系基礎課訓練下的成績。胡適論為學，以金字塔為喻，說「為學要如金字塔，要能廣大要能高」，「理想中的學者，既能博大，又能精深」。這些話雖然都是老話，但有道理，德華的這本新書，正是這種說法的好例證。總括來說，本書有下面三個特點。

第一，本書涉及的書籍的年代由先秦至民國，時代跨度很廣，範圍包括中國傳統經、史、子、集四部之學，內容豐富，反映筆者治學的面很廣博。

第二，本書研究的對象不少是人們耳熟能詳的，如《詩經》、《史記》等，作者都能提出新見，發前人之未發，如對於《詩經・小雅・伐木》首章的寫作手法的研究。另外，本書也有些討論的對象，是學界較少注意的作品，如《唐宋詩醇》、莊存與《毛詩說》以及吳慶坻《悔餘生詩集》等，這補充了學界對相關作品之討論，可供讀者參考。

第三，本書文字通暢，分析深入淺出，一般人也能掌握作者提出的觀點，以反思該經典的義理，如分析《孫子兵法》對現代人的價值，又如深入討論孔子處世哲學的特點，都能幫助讀者掌握該經典，應用在當今的社會上。

我和德華的關係，早已超出一般的師生情誼，當年他結婚，我就為他開車接送新娘，以至出席當晚宴會的中大內地同事知道這件事後，都感到驚奇，覺得和內地的師生關係不同。我們二人都是中大成員書院聯合書院的舊生，中大人常説，對外，我們都是中大人，對內，就強調所屬的書院了。這有點像社會上講鄉誼，有小同鄉、有大同鄉，書院校友就是小同鄉，感情更深厚、更密切。我出任聯合書院通識教育主任時，需要找人批改《通識教育與大學生活》的學期論文，便找到他。他當時還在讀研究院，很忙，但他全不問條件待遇，一口應承，而且一做二十年。其熱心服務、不計得失的處事態度，令人感動。

上面説到做人要有廣博的基礎知識，有如金字塔的底部，不鑽牛角尖，也正是通識教育的要義，我們二人一直參與其中的活動，即書院通識教育，中大學生簡稱「書通」。本書的附錄中有〈通識文化與文學教學策略初探——以香港中文大學「中國文化與文學」通識課程為例〉，有興趣的讀者可以參閱。它表達了德華對通識教育的看法，也是他對所受的中文系文學教育和生活中的通識教育如何相結合的一次很好的論證。

本書還有兩篇文章值得一提。聯合書院和《明報月刊》二十年來合辦了八屆華文旅遊文學研討會，是一個很成功的文學活動，也推動了校園內的文藝氣氛，可以視作為學生通識教育的活動。但開辦之初，反應欠佳時，我還得四出拉稿，找支持。書中〈司馬遷遊歷考略——兼論「旅行」對其寫作《史記》之作用〉就是為這個研討會而寫的，很有紀念意義。而另一篇〈明代陳深《諸子品節》辨偽——以《孫武子》為討論中心〉，之前我也看得比較仔細。原因是若干年後，我任教的碩士班《講論會》課，有一個學生選擇了這本書做研究，德華是專家，我曾向他請教了相關問題，對陳深和他的著作有了較好的了解，真是「教學相長」，得益匪淺。

過去幾年，我仍然在中大兼一門碩士班課，以保持和年輕學子的接觸，免得荒廢了學術，和生活太脱節。但疫情的無常，電子科技的大量使用，我常感操作不易，力不從心。幸得德華和其他同學同事的幫助，使得教學工作順利進行。這些，我都是深深感激的。藉着這一篇短序，我寫下了和德華的一些往事，作為二十多年來師生情誼的一個紀念。

是為序。

2024 年暑假於加州旅次

何序

何志華

香港中文大學卓敏中國語言及文學教授

認識梁德華博士，始於他的青葱歲月，迄今已歷二十寒暑；2004 年，德華正在香港中文大學中文系升讀三年級，並以〈《淮南子》詮釋《莊子》方法探究〉為題，隨我撰寫畢業論文。初次相遇，眼前青年，兩眉英爽，一臉青澀；對話之間，他展現了淵博的古籍知識，深厚的文史根柢。本科畢業後，德華考入研究院，並以〈荀悅《漢紀》新探〉為題，隨我撰寫碩士論文。他在論文中歷舉書證，提出荀悅並非如前輩學者所言，僅以《漢書》為據，實質亦有參考《史記》。德華不囿舊說，自出機杼，文史考證，嶄露頭角。及後，德華又以《劉子》與《文子》之關係為題，隨我撰寫博士論文，他深入考究《劉子》引用《淮南》之方法，詳列書證，以見《劉子》或拼合《淮南》不同篇章文辭，或糅合《淮南》與其他先秦兩漢古籍文辭而成其說，進而推論《劉子》曾整合《淮南》與《文子》文句，論文多有創獲，彌足稱道。德華完成博士論文後，於 2012 年起執教於中大中文系，倏忽亦已十二寒暑；多年來，他醉心於先秦兩漢典籍之研究，教學之餘，筆耕不輟，著述繁多，孜孜不倦。

德華歷年來出版學術著述多種，然多集中於先秦兩漢典籍之傳承淵源，研精覃思，論題深邃，鮮有涉及文學美學之思想，鉤章棘句，文辭艱澀，年青讀者或望而生畏。近年來，由於教學的需要，德華開始着力於撰述經典古籍之文學思想，乃至修辭技巧。諸如《詩經・小雅・伐木》首句「伐木丁丁，鳥鳴嚶嚶」之寫作手法、司馬遷遊歷於其撰作《史記》之作用、《史記・游俠列傳》中的「篇章修辭」、論孔子的處世哲學、論《孫子兵法》對現代人的啟發、魏晉玄學與《劉子》「儒道互補」思想研究、「漢達文庫・類書資料庫」與古籍研究——以《冊府元龜》引范曄《後漢書・獨行列傳》為例、明代陳深《諸子品節》辨偽、論《唐宋詩醇》對《讀杜心解》之接受、莊存與《毛詩說》初探、論吳慶坻《悔餘生詩集》之遺民意識、從近代「新法家」學者對商鞅史料的運用看知識分子對商鞅形塑之轉變——以麥孟華和陳啟天的《商鞅評傳》為例等，涉獵甚廣，趣味盎然。

本書所錄，即為德華近年撰述之成果，舉例而言，〈《詩經・小雅・伐木》首句「伐木丁丁，鳥鳴嚶嚶」之寫作手法〉中，德華提出：

> 古今學者對〈伐木〉首兩句的分析至為分歧，莫衷一是。筆者認為三種說法各有道理，難以一概而論，然而如果我們能夠參照〈伐木〉一詩下文使用「伐木」意象的方式，或者有助我們探討〈伐木〉首兩句所使用的寫作手法。關於「伐木」的描寫，全詩總共用了三次（請參見上文），除了用於首句外，下文亦使用了兩次，分別是「伐木許許，釃酒有萸」、「伐木於阪，釃酒有衍」。由於樵夫「伐木」的動作與主人「釃酒」的舉動（即「濾酒」）兩者毫無邏輯關係，故此詩中第二、三次「伐木」的描寫，只能理解為「先言他物」之「起興」，

其目的在於引出在宴會中主人濾酒的舉動，以反映其熱情招待賓客的態度，從而顯示出詩人對「友道」的重視。根據上述分析，由於詩中後兩次對「伐木」意象的運用皆屬於「起興」，假設該詩的作者在同一詩歌中使用同一意象的手法理應相同的前提下，這或可能成為線索，去論證〈伐木〉首兩句對「伐木」意象的運用同屬於「興」，正如朱氏所言，作者似「以伐木之丁丁興鳥鳴之嚶嚶」，如此詩人在全詩三章皆使用「伐木」作「興」，手法極為統一。

文學起興，三章如一；言之有據，解說詳明。又例如〈論吳慶坻《悔餘生詩集》之遺民意識〉，德華詳述吳慶坻本為清末民初著名詩人，晚年經歷國變，心懷故國，在進入民國後多以舊體詩作抒發胸懷，因而其晚年詩作多處顯示作者之遺民意識。德華細讀吳氏詩作，深入剖析其中典故，推敲詩人文辭背後所蘊涵之深意；諸如舉證吳氏〈壺翁將還杭州留詩為別次韻送之〉詩云：

五年僑寄閱諸艱，一鶴青霄意態閒。
眼底蒼茫新世界，夢中依戀好湖山。
偶攜紅袖消愁思，不借丹沙駐醉顏。
竹杖棕鞵秋更健，詩情總在兩峰間。

德華析述全詩詩意云：

詩題之「壺翁」乃指壺道人，為另一位堅拒不仕、隱居自給的清遺民。此詩中，吳氏以「蒼茫」形容民國以來的新局勢，反映他不認同新政權之建立，而「夢中

> 依戀好湖山」句，表示自己仍心繫前朝。詩的結尾，吳氏以「竹杖棕鞵秋更健，詩情總在兩峰間」形容自己寄情山水及詩作的隱逸之情。

德華考證依舊嚴密，深入分析吳氏《悔餘生詩集》的題材內容，歷舉詩證，提出吳氏通過景物古今對比，抒發故國情懷，並透過歌詠前代遺民、古跡文物，以寄託其遺民情感，甚至於詩作中表達隱逸之思。凡此論述，皆能譬助讀者了解吳慶坻之詩學內涵，多可稱道。德華立意將近年重讀經典的研究所得，重新整理並結集付梓，並邀我為書撰寫序文，我想到昔日初遇的好學青年，以及其經年不怠的治學態度，自是樂意為之。

2024 年 4 月 29 日

潘序
一場品味經典的旅程

潘銘基

香港中文大學中國語言及文學系教授兼系主任

經典，乃是千錘百鍊的偉大作品，經得起時間的考驗。成為經典，必然有其獨到之處；所謂獨到，不一定是出於經典的本身，而是後世對於它的詮釋。可以說，能夠成為經典，後人如何說好經典的故事，遠比經典本身作者的努力更為重要。

經典中的經典，非《十三經》莫屬。其實，古代不同的思想學派皆有其本身的經典，道家有經典，雜家有經典，道教、佛教、基督教、伊斯蘭教，都有他們自己的經典。而我們一般說的經書，則屬儒家經典。另一方面，在古代典籍裏，又有四部分類，經史子集，各有經典，且經典已不單只在經部典籍裏，史書、諸子、文集，經典屢見。

朱自清先生在他的名作《經典常談》裏，曾經如此描述他所論的經典。朱自清在書序說：「本書所謂經典是廣義的用法，包括群經、先秦諸子、幾種史書，一些集部；要讀懂這些書，特別是經、子，得懂『小學』，就是文字學，所以《說文解字》等書也是經典的一部分。」由是觀之，朱氏所言的經典包括了經、史、子、集的作品，與本書討論的範圍相同。梁德華博士在他的大作《重讀經典——從先秦到民國》裏，便是為讀者走了一趟經典的旅程。

閱讀這樣一部時代、文體跨幅如此大的作品，可從幾個角度細意覽之：

1. 按時序閱讀。這就是按着本書編排的先後次序以作閱讀與分析。起自《詩・小雅・伐木》，然後及於孔子，最後以近人編撰《商鞅評傳》作結。據《史記・孔子世家》所言，「古者《詩》三千餘篇，及至孔子，去其重，取可施於禮義，上采契后稷，中述殷周之盛，至幽厲之缺，始於衽席，故曰『〈關雎〉之亂以為風始，〈鹿鳴〉為小雅始，〈文王〉為大雅始，〈清廟〉為頌始』。三百五篇孔子皆弦歌之，以求合韶武雅頌之音。」據司馬遷所言，孔子整理《詩》，故本書置孔子於《詩經》之後，自屬合理編排。以此為閱讀之路徑，可見不同時代皆有其經典作品。

2. 不同思想學派的深刻體會。《漢書・藝文志》將當時所見諸子之書分為九流十家，包括儒、道、墨、法、名、農、雜、陰陽和縱橫等九派；九流再加上小說家，則合稱「十家」。此前，司馬談〈論六家要旨〉則有道德、儒、墨、名、法、陰陽等。本書則遨遊在儒家、兵家、玄學的不同思想主流裏，閱讀不同角度的經典。

3. 文史哲不分家的學科結合。今人治學，多畫地自限，所得未多。本書包含了如《詩經》、杜甫詩、《悔餘生詩集》等文學作品，也有《史記》、《後漢書》等史學名著，更有孔子的處世哲學、《孫子兵法》對現代人的啟發等哲理之部。涵蓋面之廣泛，正見本書作者用心之所在，適足為面向狹隘者所參考。

本書可從不同角度詳加閱讀，以上僅列數隅，願收拋磚引玉之效。又，本書各篇，考證細緻，正見作者治學嚴謹，對各議題俱有深刻的認識。例如在〈司馬遷遊歷考略——兼論「旅行」

對其寫作《史記》之作用〉裏，表面上所寫自是司馬遷到不同地方的記錄，如同旅遊；實際上，部分《史記》的篇章正是出於司馬遷在田野考察得來的結果。例言之，對於五帝事跡，司馬遷的遊歷為五帝的故事帶來了佐證；孔子故居，則讓司馬遷心往神怡，心生景仰。本書作者在文章裏用文獻說話，不作無據的猜想，乃是最重要的貢獻。

我與德華認識多年，一直看到他對古代文獻持之以恒的關注與考證，近年來又多有涉足於經典對今人生活的影響，可見其治學貴乎古為今用的態度。是次能夠得到書稿，先睹為快，略陳己見，實在幸甚，序之如上。

自序

梁德華

香港中文大學中國語言及文學系高級講師

所謂「經典」，古時專指「經學」文獻，如在漢代即有「六經」之說法，其又可稱為「六藝」，《漢書・藝文志・六藝略》云：「六藝之文：《樂》以和神，仁之表也；《詩》以正言，義之用也；《禮》以明體，明者著見，故無訓也；《書》以廣聽，知之術也；《春秋》以斷事，信之符也。五者，蓋五常之道，相須而備，而《易》為之原。」可見「六藝」意指《樂》、《詩》、《禮》、《書》、《春秋》、《易》等六種經典。然而，時至今天，漢語中「經典」的意思再不局限於「經部」典籍，而凡在中國學術、文化、歷史中具備地位的作品，皆可稱為「經典」。所以從現代的角度看，「經典」的範圍可以遍及古代經、史、子、集四部的書籍。正如在現代著名學者李零先生所著「我們的經典」的系列中，即包括《易經》、《論語》、《老子》、《孫子兵法》等四種書籍，其中涵蓋了古代經、子兩部典籍，故此現代「經典」的內涵無疑較古代更廣。

意大利學者伊塔羅・卡爾維諾《為什麼讀經典》一書曾對「經典」一詞歸納出十四項定義，其中第六項為「經典是從未對讀者窮盡其義的作品」；第七項為「經典是頭上戴着先前詮釋所形成的光環、身後拖着它們在所經過的文化（或者只是語言與習俗）中所留下的痕跡、向我們走來的作品」。[1] 若從這兩個「經典」

1 伊塔羅・卡爾維諾著、李桂蜜譯：《為什麼讀經典》（臺北：時報文化出版企業股份有限公司，2005 年），頁 3。

的定義加以思考，重讀「經典」的作用在於發掘以往讀者未能察覺有關該經典的看法與體會，並將該作品由古至今累積下來的文化意蘊加以詮釋。就個人閱讀的經驗而言，筆者每次重讀經典之時，都對這些作品的文本、作者的立意、後人的注釋及評論有更深入的體會，這些所思所想與伊塔羅・卡爾維諾所界定的「經典」意思極為接近，因而本書書名題為「重讀經典」。

本書中所收的乃筆者研讀中國古代經、史、子、集四部文獻的若干心得，其中時代的跨度很大，約略言之，蓋由先秦的《詩經》、《論語》、《孫子兵法》開始，歷漢代的《史記》、魏晉子書、宋代的類書、明代的古文評點，延至民國時期清遺民詩作及當時人重新撰寫的商鞅傳記，每種文本及後人之評論都是各個時代的「經典」，而各篇論文的重點如下：

首篇為〈《詩經・小雅・伐木》首句「伐木丁丁，鳥鳴嚶嚶」寫作手法管窺〉。古今學者對〈伐木〉首句「伐木丁丁，鳥鳴嚶嚶」的寫作手法每有不同說法：或以為「比」，見近人林義光《詩經通解》；或以為「興」，見宋人朱熹《詩集傳》；或以為「賦」，見近人陳子展《詩經直解》，可見前人見解分歧，莫衷一是。此文嘗試指出〈伐木〉一詩下文曾兩次利用「伐木」意象作「興」，若以此作為線索，文中認為〈伐木〉首句當如下文的處理一樣，運用伐木之聲作「起興」，以引出鳥鳴之描寫，從而補充前人研究之未足。

次篇〈論孔子的處世哲學〉。根據《論語》記載，孔子的處世態度為積極入世，他希望君主能重用其政治主張，從而恢復周道；另一方面，孔子認為天命不可違，人能否成功需要依靠命運去主宰，人的努力未必有相應的回報。在此兩點之下，孔子發展出其非常獨特的處世哲學，他既保持其積極建立功業的態度，但同時他亦安於命運的宰制，認為人當審時度世，時行則行，時止則止，即深明所謂「用行舍藏」的處世精神。此文將選取《論語》中能反映孔子處世態度的篇章加以導讀，並深入地闡釋孔子「用行舍藏」的處世哲學於現代人的參考價值。

第三篇為〈論《孫子兵法》對現代人的啟發——以〈計〉篇為討論的中心〉。李零《〈孫子〉十三篇綜合研究・導言》曾說：「如果有人要問《孫子兵法》到底給我們留下了什麼樣的精神財富，那麼我們的回答是：它留給我們的與其說是實用的指導，倒不如說是智慧的啟發。」[2] 文中「實用的指導」乃指《孫子兵法》在軍事上的價值，然而李先生認為「智慧的啟發」更能概括《孫子兵法》對現代各個層面的影響，其說極是。那麼，在《孫子兵法》中，究竟有什麼基礎理論能成為現代人各種行事的參考？此文希望以《孫子兵法》的第一篇〈計〉篇作討論中心，以闡釋《孫子兵法》的理論如何啟發現代人思考。

第四篇〈司馬遷遊歷考略——兼論「旅行」對其寫作《史記》之作用〉先總合前人對司馬遷遊歷路線之推測，並嘗試指出各種說法之異同，以顯示學者對司馬遷遊歷經過推測的合理性，進而從「旅遊文學」的角度，舉例詳細分析「旅行」經歷對司馬遷寫作《史記》之作用。

第五篇為〈論《史記・游俠列傳》中的「篇章修辭」——兼論「篇章修辭」理論在古漢語教學中的作用〉，該文從「中國現代修

2 李零：《〈孫子〉十三篇綜合研究》（北京：中華書局，2006 年），頁 16。

辭學・消極修辭」中的「篇章修辭」理論出發，深入分析司馬遷《史記・游俠列傳》在結構及照應等方面的技巧。文中認為《史記》的篇章實為討論中國古代「篇章修辭」極佳之教材，因為司馬遷行文極重前後呼應，而且篇內照應緊密，因此，此文嘗試利用張志公及鄭文貞等學者所提出的「篇章修辭」理論與術語作為參照，以詳論《游俠列傳》在篇章組織上的特色。

第六篇為〈魏晉玄學與《劉子》「儒道互補」思想研究〉。《劉子》以「雜家」形式融合先秦兩漢諸子學說，其中以吸收儒、道兩家思想為要，具有鮮明的「儒道互補」的學說體系，然而學者鮮有把《劉子》這種「儒道互補」的特點放入魏晉玄學的討論中。故該文擬透過比較《劉子》與魏晉玄學中「儒道互補」學說之異同，從而指出《劉子》學說組織在魏晉思想史中的特點，以略補前人研究之未足。

第七篇為〈「漢達文庫・類書資料庫」與古籍研究——以《冊府元龜》引范曄《後漢書・獨行列傳》為例〉。「類書」是中國古代的工具書，其中對中國不同古籍的內容分門別類地擇抄，以方便古人查找所需的資料。而從現代學術觀之，類書所保存的引文，對研讀古籍極為重要：首先不少古書在流傳的過程中已散亡，全賴類書的轉引，才能保存其梗概；另一方面，不少學者將存世的古籍與類書的引文加以比勘，從而校訂古籍的錯訛，因而類書在輯佚學及校勘學上的貢獻極大。現時不少研究機構都將古代類書數字化，以便學者利用其中的材料，香港中文大學中國文化研究所劉殿爵中國古籍研究中心「漢達文庫・類書資料庫」即為一例。此文將介紹「漢達文庫・類書資料庫」之功能，並以《冊府元龜》引范曄《後漢書・獨行列傳》的文字為例，詳加分析，以顯示類書數據庫對古籍研究之作用。

第八篇為〈明代陳深《諸子品節》辨偽——以《孫武子》為討論中心〉。陳深，字子淵，為明代著名文學評論家，深於經、史、子、集四部之學，而其《諸子品節》選錄周、秦、漢時期諸子之文，並加評點，以抒發著者對前人文章之見解。考《諸子品節》成於萬曆十九年，分內、外、雜三品，而《孫武子》即屬《品節》「外品」中全錄原書之一種，反映陳氏對《孫武子》之重視。此文擬仔細比對陳氏《孫武子品節》與題為歸有光所編《諸子彙函・孫武子》之評語，以見《諸子彙函》如何抄錄並改編《品節》之觀點，從而論定陳氏之著作權，並選取顯例，以討論陳氏評點的作用。

第九篇為〈論《唐宋詩醇》對《讀杜心解》之接受〉。《唐宋詩醇》四十七卷，題為清高宗乾隆御選御注，成於乾隆十五年（即西元 1750 年），其中選錄了唐代李白、杜甫、白居易、韓愈及宋代蘇軾、陸游等六位前代詩人的作品，並加以評注及引錄前人評論，以品評所選的詩作。近年，此書引起了部分學者的注意，但以《唐宋詩醇》選評杜甫的部分，去考察《詩醇》對清人浦起龍《讀杜心解》的接受情況，至今尚未及見。故此，該文擬先分析《唐宋詩醇》評選杜詩的內容，然後考察《詩醇》對清初杜詩注解的引用情形，並探究其引用《讀杜心解》的作用，以略補相關研究之未足。

第十篇為〈莊存與《毛詩說》初探〉。清代乾、嘉時期，考據學發展達至高峰，學者蜂出，並形成不同派別，相較乾嘉考據學之研究，學者有關莊存與經學之討論並不熾熱。而在莊氏眾多的著述中，《毛詩說》至今仍未受到學者重視，故該文擬探討莊氏

《毛詩說》的學術特點，以見莊氏如何利用《毛詩》發揮其經世之思想。

第十一篇為〈論吳慶坻《悔餘生詩集》之遺民意識〉。吳慶坻為清末民初著名詩人，晚年經歷國變，心懷故國，在進入民國後多以舊體詩作抒發胸懷，因而其晚年詩作多處顯示作者之遺民意識，故此可以說，吳慶坻是一位典型的忠清「遺民」。他既忠於清室，在避地上海後一直隱居，「凡徵辟皆不至」，由此獲其他清遺民之敬重。又他在《悔餘生詩集》中多處表示對清帝、清朝之懷念，並對其他忠清遺民表示欣賞，凡此皆表現出他「悼亡傷逝的政治、文化立場」，故此，「遺民」角度實為分析吳氏詩作重要的切入點。然而吳氏的詩作仍未引起學者重視，故該文欲詳論吳氏《悔餘生詩集》之遺民意識，以略補前人研究之未足。

第十二篇為〈從近代「新法家」學者對商鞅史料的運用看知識分子對商鞅形塑之轉變——以麥孟華和陳啟天的《商鞅評傳》為例〉。自司馬遷《史記・商君列傳》深詆商鞅刻薄少恩，其後雖有西漢劉向、宋代王安石等對商君有所肯定，但歷代文人、學者多從儒家角度出發批評商君；然至晚清以來，鑑於積弱的國勢，部分學者如章炳麟、劉師培等，對商君之評價開始轉變，其後麥孟華、陳啟天更分別撰寫商鞅傳記，以重新審視商鞅的功業及其歷史地位，並借用「新法家」思想拯救積弱衰敗的中國。然而前人關於麥孟華及陳啟天的研究，皆鮮有注意比較兩人所撰寫《商鞅評傳》。故此，該文嘗試從上述兩種商鞅傳記出發，以書中的取材以及評價商鞅的方法為線索，探討近代知識分子所撰寫的人物傳記與時代背景之關係，進而指出兩位學者如何在「新法家」思想的影響下，重新對商鞅加以形塑。

以上十二篇論文涵蓋中國古代經、史、子、集四部典籍，都對各種經典的文本、注釋、評論作出深入研究。另外，本書附錄亦收入筆者關於香港中文大學通識課程「中國文學與文化」科目的課程設計，內容亦與閱讀經典息息相關。筆者不辭鄙陋，將上述論文結集出版，以供專家學者批評指正。

筆者從事古籍研究始於本科學位論文〈《淮南子》詮釋《莊子》方法探究〉，當時論文指導老師為何志華教授。在本科畢業後，筆者繼續跟從何教授研讀古籍，並先後攻讀哲學碩士及哲學博士學位，其後更於中大中文系從事教學工作。可以說，筆者對中國古代文獻與文學之理解，實有賴何教授的教導。何教授循循善誘，令筆者得以窺探古籍研究之法，筆者非常感激何教授教導之恩。另外，梁慕靈博士亦時加支持，鼓勵筆者發表相關研究成果，筆者謹申謝意。本書所收論文先後發表於內地、香港、臺灣不同的期刊、論文集以及研討會等，承蒙各機構延請評審，給予筆者不少寶貴意見，筆者亦謹此致謝。

最後，筆者非常感謝香港中文大學聯合書院「教職員著作出版資助計劃」提供資助，令本書能夠成功出版。聯合書院的院訓為「明德新民」，而本書所收的論文，不乏討論古書義理、解讀中國古典文學的方法，希望能幫助讀者進一步了解閱讀經典的趣味，從而實踐院訓的精神。由大學本科開始，筆者即為聯合書院的學生，在畢業後，能以教職員身份加入聯合書院，深感榮幸。由於得到書院的支持，筆者先後擔任聯合書院書務會議成員、通識教育委員會委員、書院出版委員會委員、書院中國語言及文學系聯絡人、伯利衡宿舍舍監、書院通識教育副主任等職，能在不同崗位服務書院，並獲得書院支持出版專著，亦使筆者極為欣慰。而書院「學生校園培訓及服務獎勵計劃」亦提供了資助，讓我能聘請中大中文系二年級生劉昭澄同學為本書作校對、修改，在此亦感謝書院與劉同學的幫助。近年，校方有意加強講師職級教職員在研究方面的影響力，希望本書的出版能回應校方的期望。

2024 年 7 月 31 日

書於聯合書院伯利衡宿舍

《詩經・小雅・伐木》首句「伐木丁丁，鳥鳴嚶嚶」寫作手法管窺

一、前言

《詩經・小雅・伐木》全詩正文如下：

伐木丁丁，鳥鳴嚶嚶。
出自幽谷，遷於喬木。
嚶其鳴矣，求其友聲。
相彼鳥矣，猶求友聲。
矧伊人矣，不求友生？
神之聽之，終和且平。

伐木許許，釃酒有藇。
既有肥羜，以速諸父。
寧適不來？微我弗顧。
於粲灑埽，陳饋八簋。
既有肥牡，以速諸舅。
寧適不來？微我有咎。

伐木於阪，釃酒有衍。
籩豆有踐，兄弟無遠。
民之失德，乾餱以愆。
有酒湑我，無酒酤我。

坎坎鼓我，蹲蹲舞我。

迨我暇矣，飲此湑矣。[1]

首章云：「伐木丁丁，鳥鳴嚶嚶。出自幽谷，遷於喬木。」意謂樵夫在林中伐木，期間發出砍木鏗鏘之聲，此時林鳥因聲受驚而鳴叫，並由深谷飛向高樹，所描寫的景象質樸自然。然而，首兩句「伐木丁丁，鳥鳴嚶嚶」，究竟採用「賦」、「比」、「興」何種手法，古今學者解讀不一，每有不同意見，則其寫作手法仍須進一步探究。本文擬先分析各家對〈伐木〉首句寫法解讀之理據，然後再對照〈伐木〉全詩寫作手法之安排，繼而嘗試指出該詩首句當是用「興」，從而補充前人的觀點。

二、〈伐木〉詩旨論略

首先，有關〈伐木〉一詩的詩旨，據《毛詩・序》云：「〈伐木〉，燕朋友故舊也。自天子至於庶人，未有不須友以成者。親親以睦，友賢不棄，不遺故舊，則民德歸厚矣。」[2]意指該詩所描繪的乃宴請舊交好友之景象，然近人林義光《詩經通解》對《毛序》之說法加以檢討，其云：「按《毛傳》以此為天子燕諸侯之詩，然詩言寧適不來，迨我暇矣，以至肥羜相速，無酒則沽，皆是親朋酒食相樂，毛謂天子與賢臣燕食，其義轉迂。」[3]林氏

1　李學勤整理：《詩經注疏》（北京：北京大學出版社，1999 年），頁 576-582。

2　李學勤整理：《詩經注疏》，頁 576。

3　林義光：《詩經通解》，瀚文民國書庫本，第三冊，頁 6。

認為從內容上看，此詩當泛指朋友歡聚，但《毛序》錯誤地將此詩的主角看成「天子」。細考《毛序》所論，首句所謂「燕朋友故舊」，似未有專指天子宴請群臣之意，不過《毛傳》於後文由該詩宴請朋友的主題說起，進而指出無論天子或平民，都應該重視朋友，再從此推而廣之，認為若每個人都能愛護親朋好友，此必能使民風趨於純樸，故此《毛序》只是就該詩宴請朋友的主題加以發揮，加強「友道」於政教之作用，而非謂該詩的主角必然是「天子」，因而林氏所駁，理據似未算充分。又此詩的主角雖非「天子」，但從《小雅》多收士大夫之樂歌，又此《詩》明言「陳饋八簋」，即詩中的主人翁能以美酒佳餚招待賓客，則該詩所描寫的主角當是頗有身份、地位、財資的士大夫階層。

三、〈伐木〉首句寫作手法探微

在分析「伐木丁丁，鳥鳴嚶嚶」的寫作手法前，我們先簡括地介紹《詩經》所採用的表現方式。早於漢代的《毛詩詁訓傳》已在「詩之六義」中提出「賦」、「比」、「興」三種《詩經》常用的表現手法。後宋代朱熹《詩集傳》就此三種手法作出了簡明的分析如下：

一、「賦者，敷陳其事而直言之者也。」[4] 所謂賦，就是對事物進行直接的陳述與描寫。

二、「比者，以彼物比此物也。」[5] 比是利用比喻對事物進行

---

4 朱熹：《詩集傳》，《四部叢刊三編》影印宋刊本（臺北：臺灣商務印書館，出版日期不詳），卷 1，頁 5b。

5 朱熹：《詩集傳》，卷 1，頁 9a。

比況，使其特徵更加突出、鮮明。

三、「興者，先言他物以引起所詠之詞也。」[6]興，就是興起，即先借用其他事物或眼前之景色作開頭，然後再引入將要歌詠的事物。

可見「賦」、「比」、「興」三種手法各有側重，都是中國早期詩歌表現的方式。那麼，〈伐木〉首句「伐木丁丁，鳥鳴嚶嚶」，究竟用了哪一種寫作手法？如果翻查古今學者的見解，我們會發現關於該句的表現方式，學者的說法極為分歧，甚至涵蓋了「賦」、「比」、「興」三者，現分述如下：

1.「比」：林義光《詩經通解》：「伐木，喻朋友相切直也。凡木枝有時須伐之以促其木之成長，朋友切直之言逆耳而有益，如伐木反可以益木。《爾雅》云：『丁丁嚶嚶，相切直也』，是其義。嚶嚶亦為相切直者，群鳥以聲相求，遷於喬木，喻朋友規勸以遷善。」[7]林氏所謂「喻」者即「比」也，他認為「伐木」是比喻朋友互相規勸，正如民眾以砍落樹木多餘的樹枝，以讓樹木健康地成長；朋友則利用善言向友人規勸，以期友人改過遷善。林氏引用《爾雅》有關「丁丁」、「嚶嚶」兩個象聲詞的分析作為其說法的根據。據學者的研究，《爾雅・釋訓》是專為訓釋《詩經》而作，其中「丁丁嚶嚶，相切直也」，正保留了古人對該句表現手法的分析。林氏進一步推論〈伐木〉下文雀鳥「出自幽谷，遷於喬木」的舉動，正正是朋友受善言感化而遷善的喻體。

6　朱熹：《詩集傳》，卷 1，頁 3a。
7　林義光：《詩經通解》，第三冊，頁 5。

2.「興」：早於題為西漢魯申培所撰的偽書《申培詩説》已云：「〈伐木〉，天子燕友之歌，興也。」[8] 但其中沒有詳述其說。至宋代，朱熹《詩集傳》云：「興也。……此燕朋友故舊之樂歌。故以伐木之丁丁興鳥鳴之嚶嚶，而言鳥之求友，遂以鳥之求友喻人之不可無友也。」[9] 朱氏的解説極為清楚，他認為「伐木丁丁」當是「興」，即「先言他物」的「他物」(即非該詩的主要對象)，後文「鳥鳴嚶嚶」才是「引起所詠之詞」(即該詩歌擬歌詠的對象)，故此「伐木」的敘述只是「起興」，作用是引出後文「鳥鳴」的描寫。

3.「賦」：近人陳子展《詩經直解》:「按《毛傳》以伐木為興，實則伐木而鳥驚鳴高遷，當是直賦其事。嚶鳴以下，則又轉為比耳。」[10] 可見陳氏認為無論詩歌開首有關樵夫伐木的描寫，以至鳥因伐木之聲而受驚高飛之描述，當是詩人直接描寫眼前之景，故謂其為「賦」也。

以上可見，古今學者對〈伐木〉首兩句的分析至為分歧，莫衷一是。筆者認為三種說法各有道理，難以一概而論，然而如果我們能夠參照〈伐木〉一詩下文使用「伐木」意象的方式，或者有助我們探討〈伐木〉首兩句所使用的寫作手法。關於「伐木」的描寫，全詩總共用了三次 (請參見上文)，除了用於首句外，下文亦使用了兩次，分別是「伐木許許，釃酒有藇」、「伐木於阪，

8 引用自香港中文大學中國文化研究所劉殿爵中國古籍中心漢達文庫。

9 朱熹：《詩集傳》，卷 9，頁 11a-b。

10 陳子展：《詩經直解》(上海：復旦大學出版社，1983 年)，頁 530。

釃酒有衍」。由於樵夫「伐木」的動作與主人「釃酒」的舉動（即「濾酒」）兩者毫無邏輯關係，故此詩中第二、三次「伐木」的描寫，只能理解為「先言他物」之「起興」，其目的在於引出在宴會中主人濾酒的舉動，以反映其熱情招待賓客的態度，從而顯示出詩人對「友道」的重視。根據上述分析，由於詩中後兩次對「伐木」意象的運用皆屬於「起興」，假設該詩的作者在同一詩歌中使用同一意象的手法理應相同的前提下，這或可能成為線索，以論證〈伐木〉首兩句對「伐木」意象的運用同屬於「興」，正如朱氏所言，作者似「以伐木之丁丁興鳥鳴之嚶嚶」，如此詩人在全詩三章皆使用「伐木」作「興」，手法極為統一。

四、結論

總結而言，〈伐木〉首兩句的表現手法，古今學者意見極為分歧，其中涵蓋了「賦」、「比」、「興」三種說法。本文提出，如參考〈伐木〉一詩後兩次皆以「伐木」為「興」的安排，反映該詩作者在詩中常以「伐木」作「起興」從而引入欲以歌詠之主題。若以此作為參照，本文非常認同朱熹的分析，即〈伐木〉首二句當是運用了「興」的技巧，與第二、三章開首的手法相呼應。

* 本文發表於香港都會大學田家炳中華文化中心《田家炳中華文化中心通訊》第十三期，2024 年 3 月，頁 31-34。

論孔子的處世哲學

一、前言

根據《論語》及《史記・孔子世家》的記載，孔子常抱積極入世之願望，期望列國君主重用其主張，從而恢復周道，可惜無論魯國君主，或者主事的三桓，以及衛、陳、晉、曹、宋等國國君，都未能重用孔子，可以說在政治方面，孔子一生是鬱鬱不得志的。然而，孔子沒有放棄其奮發上進的態度，並在晚年將精力投入於整理古代文獻與教導弟子，使儒學得以興盛，以致他在學術上達到「中國言六藝者，皆折中於夫子」之成就。那麼根據《論語》、《史記》所載，孔子的處世精神有何特點？又孔子處世的態度對後世儒者又有何影響？本文將會詳加論述。

二、冷靜觀察外在形勢而積極入世的態度

後世學者常用「知其不可而為之」來形容孔子對道德及政治理想的堅持，其語典乃源於《論語・憲問・第三十八章》之記載，其云：「子路宿於石門。晨門曰：『奚自？』子路曰：『自孔氏。』曰：『是知其不可而為之者與？』」[1] 這則故事並不是孔子的言論，而是晨門與子路的對答，其中透露出晨門對孔子的認識。

1　程樹德：《論語集釋》(北京：中華書局，1990年)，第三冊，頁1029。

所謂「知其不可而為之者」，《論語集解》引包咸云：「言孔子知世不可為而強為之。」[2]意思是孔子在周室衰微之下仍然堅持主張恢復周道，他自知世不可行，但仍然沒有放棄其政治理想，很明顯孔子在心態上是積極入世，以實踐其治世之道。當然有時面對不受重用的遭際，孔子跟常人一樣，仍然會感到失落，如《公冶長・第七章》孔子曾言：「道不行，乘桴浮于海。從我者，其由與？」李零先生推測此章可能發生於孔子周遊列國之後，失敗的經歷使孔子產生失落之情，因而有遠離政治的想法。[3]

孔子雖偶有感到心灰意冷的時候，但從《論語》所記孔子的言論可見，他處世的態度仍然是保持積極的，如《陽貨・第五章》記孔子曰：「夫召我者，而豈徒哉？如有用我者，吾其為東周乎！」[4]然孔子值得受人敬重的原因，不獨因為其積極進取的態度，而是在政事上積極找尋被重用的機會時，他仍然會保持道德的原則。孔子認為為官之道必須結合對政權素質的判斷，如果該政權政治清明，他認為擔任其中的官員是可取的；然而當該政權政治黑暗，他則主張退職不仕。這種為官的態度是常見於《論語》中，如《公冶長・第二十一章》：「子曰：『甯武子，邦有道，則知；邦無道，則愚。其知可及也，其愚不可及也。』」[5]甯武子為衛國世卿，名俞，有極高的品德修養，考皇侃《義疏》引孫綽云：「人情莫不好名，咸貴智而賤愚，雖治亂異世，而矜鄙不

2　程樹德：《論語集釋》，第三冊，頁 1031。

3　李零：《喪家狗——我讀〈論語〉》（太原：山西人民出版社，2007年），頁 116。

4　程樹德：《論語集釋》，第四冊，頁 1194。

5　程樹德：《論語集釋》，第一冊，頁 340。

變。唯深達之士，為能晦智藏名，以全身遠害。飾智以成名者易，去華以保性者難也。」[6]正正指出甯武子品德高尚之處在於他能全身遠害，不在黑暗的政權中為政。

又《憲問・第一章》云：「憲問恥。子曰：『邦有道，穀；邦無道，穀，恥也。』」[7]由此可見，孔子認為「邦有道」，即該國家若政治清明，士人擔任官職而得到俸祿，乃取之有道；然當國家「無道」，士人仍然為官而獲得官俸，即屬可恥。由此而觀，孔子認為處世的正確態度並非一味積極，只懂奮發向上，而是有道之士必須結合當前局勢，冷靜思考，尤其在形勢紛紜的官場上，孔子認為懂得離開亦非常重要，故此他個人對於深明全身遠害之士，常常抱有欣賞之情，如《衛靈公・第七章》：「子曰：『直哉史魚！邦有道，如矢；邦無道，如矢。君子哉蘧伯玉！邦有道，則仕；邦無道，則可卷而懷之。』」[8]在此章中，孔子對正直如矢的史魚之評價遠低於深具君子修養的蘧伯玉，因為史魚無論在政治黑暗或清明之時，都對君主忠諫無窒，正直如矢，他甚至利用屍諫以希望靈公親賢遠小，故孔子讚歎其為「直哉」。然孔子評論蘧伯玉為「君子」，原因在於蘧伯玉能根據政治現實而決定為官與否，若邦無道，他則會退隱而離開官場，以藏身遠害，所以史魚雖然正直如矢，但其行為在黑暗的政權之中，可能會讓他個人甚至後人遭殺身之禍，故此對於愛惜生命的孔子而言，這未算是最合適的安排。像史魚讓兒子向衛靈公進行屍諫，如果無能的

6　程樹德：《論語集釋》，第一冊，頁 342。

7　程樹德：《論語集釋》，第三冊，頁 946。

8　程樹德：《論語集釋》，第四冊，頁 1068。

靈公氣憤史魚之舉動，則有機會遷怒於史魚之後人，故此從孔子的評價中，我們可以明白孔子處世極有分寸，他認為我們行事當以保持生命作為最底線，做任何會危害生命的行為之前都應謹慎思考。

三、為官可以「卷而懷之」，但在道德上必須「守死善道」

孔子又認為保持個人的道德原則最為重要，人可以因為道德原則而犧牲生命，但是官場複雜，有時褒貶由人，加上際遇難料，所以他強調必須結合該國的政治情況來決定是否做官，正如《泰伯‧第十三章》云：「子曰：『篤信好學，守死善道。危邦不入，亂邦不居。天下有道則見，無道則隱。邦有道，貧且賤焉，恥也；邦無道，富且貴焉，恥也。』」[9] 可見孔子主張人應守信、好學，並保持高尚的品德，所謂「守死善道」，皇侃《義疏》云：「此章教人立身法也。寧為善而死，不為惡而生，故云守死善道。」此解釋極為通達，因能為「善」而「死」，即「守死善道」之意，但此針對的是人可因保持道德操守而非為擔任官職而死。因為如上所言，孔子非常珍惜生命，故亦強調人應「危邦不入，亂邦不居」，皇侃《義疏》又云：「見彼國將危，則不須入仕也。我國已亂，則宜避之不居住也。然亂時不居，則始危時猶居也。危者不入，則亂故宜不入也。」[10] 反映孔子所注意的是不同國家

9 程樹德：《論語集釋》，第二冊，頁 539-540。

10 程樹德：《論語集釋》，第二冊，頁 540。

的政治環境，其中要區分「危邦」、「亂邦」作為自身所處的先決條件，以免因國家社會動盪而喪命。而在下文中，孔子如《論語》上章所言一樣，認為要以國家的政治情況作為擔任官員的標準，若「天下有道」，我們可以發揮自己的才能為官，並由此而得到俸祿；然而當天下無道，我們當放棄官位而退隱。

四、「用行舍藏」的行事原則

上文所謂「天下有道則見，無道則隱」的處世原則，在《述而・第十一章》中有另一種表現，其云：「子謂顏淵曰：『用之則行，舍之則藏，唯我與爾有是夫。』子路曰：『子行三軍，則誰與？』子曰：『暴虎馮河，死而無悔者，吾不與也。必也臨事而懼，好謀而成者也。』」[11] 文中孔子以「用之則行，舍之則藏」來表現上述「天下有道則見，無道則隱」的處世哲學。結合上文所舉的書證，所謂「用之則行」，即當國家政治清明，而君主又任用你為官，你則可以利用此機會去實踐你的主張；相反，所謂「舍之則藏」，則當國家政治敗壞，君主又不願意任用你，此時你當藏身遠害。孔子認為在他的學生之中，就只有顏淵能與他實踐此用世原則。

其實孔子所提出的「用之則行，舍之則藏」的為官之道，正正可以用來解釋為何孔子深許前文提及的蘧伯玉之原因，因「用之則行」亦即前文所引的「邦有道，則仕」，而「舍之則藏」，即「邦無道，則可卷而懷之」的另一種表述，因孔子所主張與蘧伯

---

11 程樹德：《論語集釋》，第二冊，頁 450-452。

玉為人可謂至為契合，故此，孔子極為欣賞蘧伯玉的處事態度。而在《述而・第十一章》中，我們亦可見到子路不明孔子為何要盛讚顏淵，甚至虛構「子行三軍」的情況，希望孔子能在勇敢方面肯定自己的能力。子路此反問固然可以反映他的氣量不高，希望老師在讚賞顏淵之餘，能多關注自己，但從另一方面看，此引證了孔子所言的真確性，由於「用之則行，舍之則藏」的處世態度並非人人能懂，人人能行，即使多年跟隨孔子的子路，亦未能體會老師說法的精髓。

又孔子在這則故事中，很嚴厲地批評子路的莽言，因為行軍打仗乃國家大事，子路居然為了博得老師的稱讚，而虛構行軍的場景，此魯莽的言行，令孔子極為氣憤，並將子路比喻為「暴虎馮河，死而無悔者」。所謂「暴虎」，即以手搏老虎；而「馮河」，即不用舟楫渡河，兩種的行為都很容易犧牲性命，它們與子路所言同樣衝動莽撞，而且子路不顧國家打仗對百姓之影響，並隨意作為口談之資，其中暗示出他對生命的不尊重，故孔子用「死而無悔者」來批評子路的不智。在此批評中，其實亦隱含着孔子以維持生命為底線的生活態度，由於孔子熱愛生命，認為政治不清明之時擔任官職往往帶來殺身之禍，故此「舍之則藏」是充滿對保持生命的強烈願望。

五、「用行舍藏」的基點——「命」

細而論之，孔子所主「用行舍藏」的行事原則，其實是由「命」所主宰，《顏淵・第五章》云：「司馬牛憂曰：『人皆有兄弟，我獨亡。』子夏曰：『商聞之矣：死生有命，富貴在天。君子敬而無失，與人恭而有禮。四海之內，皆兄弟也。君子何患乎無兄弟也？』」[12] 皇侃《義疏》引繆播云：「死生者，所稟之性分。富貴者，所遇之通塞。人能令善之以福，不能令所稟異分，分不可易，命也。能修道以待賈，不能遭時必泰，泰不可必，天也。」[13] 可以說國家的政治情況、個人遭際的順逆，以致人生命的長短等，皆不是個人能夠控制，特別「死生有命，富貴在天」八字，顯示出儒家認同命運之不可抵抗，故此，在孔子的處世哲學中，君主「用之」、「舍之」，我能「行之」、「藏之」，其實都是由命運決定，人是不能強求的。甚至《堯曰・第三章》云：「孔子曰：『不知命，無以為君子也。』」[14] 皇侃《義疏》：「命，謂窮通夭壽也。人生而有命，受之由天，故不可不知也。若不知而強求，則不成為君子之德，故云無以為君子也。」[15] 此章所言的「知命」，就是整套「用行舍藏」、「天下有道則見，無道則隱」等處世原則的基點，當國家清明，仕途順暢，孔子認為人必須把握機會，奮發向上，實踐所學；但當政治黑暗，官場爭鬥，後果往往難料，此時則當藏身遠害，以維持生命。但此非苟且偷生，孔子認為我們要保持高尚的道德情操，當道義與生命發生矛盾時，我們則應該「守死善道」，但此不包括「邦無道」時對官位的執着。大概孔子曾周遊列國，晚年回到魯國，仍找不到主政的機會，他終於明白命運對人的主宰是不能違逆的，因而有如此的處世態度。

---

12 程樹德：《論語集釋》，第三冊，頁 829-830。

13 程樹德：《論語集釋》，第三冊，頁 831。

14 程樹德：《論語集釋》，第四冊，頁 1375。

15 程樹德：《論語集釋》，第四冊，頁 1377。

六、孟子對孔子的評價

明白上述孔子處身哲學的重點後，我們即可理解孟子盛讚孔子的原因。《孟子・萬章下》言孔子「可以速而速，可以久而久，可以處而處，可以仕而仕」，更稱孔子為「聖之時者」。眾所周知，孔子不以「仁」及「聖人」自居，在他心目中，只有堯、舜這一類古代聖君有位有民，才可稱為「聖人」，而孟子稱孔子為「聖人」，固然與孔子獨特的「聖人」觀不合，但在孟子對孔子的評價中，我們更應該注意這「時」字。在孟子的體味中，孔子最能「知時」，而其所謂「時」，其實就是孔子能夠根據所身處的情況，即一個國家的政治形勢，所謂國之「治」、「亂」來決定行動。從孟子這種看法，可以知道他本人對孔子「用行舍藏」之處世智慧最為了解。而如前所述，「時」的進退，儒家認為是由「命」來決定，故此孔子安「時」處順，可以說是他本人順天命的反映。

七、《史記・孔子世家》對孔子處世哲學真精神的發揚

西漢司馬遷對孔子的為人學識極為傾慕，故此孔子雖然為一介布衣，但司馬遷仍然將孔子記入《史記》的「世家」中，以示對孔子的賞識。整篇〈孔子世家〉用了不少《論語》的材料，然其中一則有關孔子與其弟子的對話，並沒有收入《論語》而只見於《史記》，其文如下：

> 孔子知弟子有慍心，乃召子路而問曰：「《詩》云

『匪兕匪虎，率彼曠野』。吾道非邪？吾何為於此？」子路曰：「意者吾未仁邪？人之不我信也。意者吾未知邪？人之不我行也。」孔子曰：「有是乎！由，譬使仁者而必信，安有伯夷、叔齊？使知者而必行，安有王子比干？」

子路出，子貢入見。孔子曰：「賜，《詩》云『匪兕匪虎，率彼曠野』。吾道非邪？吾何為於此？」子貢曰：「夫子之道至大也，故天下莫能容夫子。夫子蓋少貶焉？」孔子曰：「賜，良農能稼而不能為穡，良工能巧而不能為順。君子能脩其道，綱而紀之，統而理之，而不能為容。今爾不脩爾道而求為容。賜，而志不遠矣！」

子貢出，顏回入見。孔子曰：「回，《詩》云『匪兕匪虎，率彼曠野』。吾道非邪？吾何為於此？」顏回曰：「夫子之道至大，故天下莫能容。雖然，夫子推而行之，不容何病，不容然後見君子！夫道之不脩也，是吾醜也。夫道既已大脩而不用，是有國者之醜也。不容何病，不容然後見君子！」孔子欣然而笑曰：「有是哉顏氏之子！使爾多財，吾為爾宰。」[16]

這個故事發生於孔子與弟子周遊列國之後，由於旅程不無險阻，過程頗為艱辛，故弟子間頗有怨懟，慨嘆世間居然並無君主對老師的學説加以賞識，甚至有部分學生懷疑老師的主張不切世用。如上所引，因子路年齡與孔子只相距九年，身為眾人的

16 司馬遷：《史記》（北京：中華書局，1959 年），頁 1931-1932。

大師兄，故孔子召見子路以掌握學生們的所思所想。孔子先引用《詩經・何草不黃》的詩句，以指出自己不是犀牛、老虎，卻要流落荒野，此文所寫的與前文提及孔子「乘桴浮海」的言論一樣，是孔子失意之後不免暫時感到心灰意冷。但深明安時處順的孔子其實並非真的懷疑自己的道理，只是行事莽撞的子路突然聽到老師的洩氣話，真的以為老師在埋怨別人不欣賞自己，故亦以反問方式自怨自艾。孔子聽到子路的言論後，為免子路誤會自己在怨懟遭際，立即引用伯夷、叔齊、王子比干等歷史人物，指出有道之士只能「盡人事」而「聽天命」，卻不能確保有好的成果。

子路之後，子貢入見孔子，孔子以相同的方式向子貢提問。然而子貢的回答可謂傷透了老師的心，因為子貢認為老師的政治理想及道德原則之標準過高，令世人難以接受，故此希望老師稍稍降低其標準，以博取世人的認同。孔子聽到子貢之言，立即批評他，因為身為有道之士只應該着意於保持高尚的操守，就像好的農夫及工匠一樣，努力耕種及製造器械，至於最後是否有好的收成，以及工具是否合於人心，這並不是農、匠本人可以控制的。現在子貢身為孔子弟子，卻希望老師降低道德標準以求世人所用，完全背離了一位儒家學者該有的行事原則，因而孔子批評他志向不遠，只懂求人所用。

子貢之後，顏回入見，孔子向顏回提出相同的問題。在顏回的回應中，我們可以知道為何孔子認為只有他本人與顏回可以實踐「用行舍藏」的處世原則，因為顏回指出老師的道德學問至大至高，與世人的水平相距極遠，故天下不能容納老師，但正正因為這種不容於世的事實，能夠反映出老師「君子」高尚的素質，非世人隨便可以比擬，甚至顏回批評不用孔子主張的列國諸君當感到羞恥。孔子聽到顏回的回答後立刻展露笑容，這種反應是因為他終於感到在世間上有知音人認同自己的堅持，並以開玩笑的方式，深許顏氏的「知人」與「知言」。

這個三問三答的故事，正正道出孔子處世哲學的特點：孔子所追求的不是在官場上一帆風順，而是在道德上維持一個極高的標準，所以他雖然主張積極入世，盡力為官，但也不會因為想得到君主的賞識而放棄道德的堅持。且因國家的盛衰、遭際的順逆實非人所能控制，故此，身為儒家之士，孔子認為應措意於修養己身，靜以待時。由此可見，只有顏淵的回答，能清楚地道出孔子的堅持。

正如李長之《司馬遷之人格與風格》言：

> 這個故事有意義極了，孔子的真精神在這裏，儒家的全部精華在這裏！孔子因為不顧現實，直然做了個像堂・吉訶德式的人物而失敗了，然而是光榮的失敗，他的人格正因此而永恆地不朽着！司馬遷便是最能在這個地方去把握孔子，並加以欣賞的。一篇整個的〈孔子世家〉，正是這樣的一個偉大的人格之光榮的失敗的記錄。……司馬遷是能夠為一個偉大人物的心靈拍照的！[17]

李長之先生的分析可謂精到，文中的堂・吉訶德是西方小說中的人物，他在一個騎士沒落的世道裏追求成為一位騎士，正如孔子

---

17 李長之：《司馬遷之人格與風格》（臺北：里仁書局，1997 年），頁 48。

在周道衰微的時代中堅持恢復周道一樣。孔子寧願不為世用，也不會在道德及其政治理想上妥協，這無疑是孔子處世哲學中最值得玩味的地方。而從《史記》的故事中，我們也可以知道，除了顏淵外，西漢的司馬遷亦最能把握孔子高尚的道德精神。

八、結語

本文從《論語》的文本出發，將涉及孔子處世哲學的部分加以分析，指出孔子積極入世，希望君主重用其主張，從而光大周道。雖然他常常表現出對為官的強烈願望，但他認為必須要觀察國家的政治形勢，深究其中的治亂情況才決定是否為官，因為官場黑暗，任何舉動都可能會招致殺身之禍。另外，如果該國政治黑暗，為官而取俸祿，亦有助紂為虐的道德問題，所以孔子勸戒我們應該審時度世，才決定擔任官員與否。另一方面，孔子認為人是否受到別人的賞識，以致會否受到重用，這些都是由「天命」決定，非人力所能控制，身為道德之士，應該保持胸襟開闊，深明「用行舍藏」的處世原則，才能安時處順，不為遭際的順逆而影響道德修養。最後本文從《史記》記述孔子與弟子的對話中，指出孔子認為人雖然不能控制命運，但卻能保守道德的原則，而孔子本人是不會因要受到重用而取悅世人，這亦是我們當深味的孔子處世哲學的底蘊。

＊本文曾宣讀於 2024 年 6 月 1 日康樂及文化事務署香港公共圖書館與學海書樓合辦的「學海書樓人生學問講座」，當時題為「靈活的用行舍藏：孔子的處世哲學」。

論《孫子兵法》對現代人的啟發
——以〈計〉篇為討論的中心

一、前言

著名學者李零《〈孫子〉十三篇綜合研究・導言》曾說：「如果有人要問《孫子兵法》到底給我們留下了什麼樣的精神財富，那麼我們的回答是：它留給我們的與其說是實用的指導，倒不如說是智慧的啟發。」[1] 文中「實用的指導」乃指《孫子兵法》在軍事上的價值，而李先生認為「智慧的啟發」更能概括《孫子兵法》對現代各個層面的影響，其說極是。

《孫子兵法》對現代人的價值並不局限於華語地區，而可說是世界性的，如美國哥倫比亞大學商業學院將《孫子兵法》融入到其 MBA 課程之中，要求學生熟讀此書，並背誦書中若干章節，以成為未來管理人員的重要參考。[2] 另外，如在圖書館找尋有關《孫子兵法》反思現代生活、文化的書籍，其中包括《孫子兵法》對企業經營、教學、人生規劃等不同範疇的幫助，數量驚人，亦可證明《孫子兵法》對現代人的指導作用。那麼，在《孫子兵法》中，究竟有什麼基礎理論能成為現代人各種行事的參考？本文希望以《孫子兵法》的第一篇〈計〉篇作討論中心，以闡釋《孫子兵法》的理論如何啟發現代人思考。

1　李零《〈孫子〉十三篇綜合研究》（北京：中華書局，2006 年），頁 16。

2　資料取自：http://news.sina.com.tw/article/20131029/10982199.html。

二、論《孫子兵法》對現代人思考之啟發

1. 謹慎地面對各種問題的態度

〈計〉篇一開首云：「孫子曰：兵者，國之大事。死生之地，存亡之道，不可不察也。」孫子認為戰爭是國家大事，牽涉到一國的盛衰、人民寶貴的生命，故為國者當慎重地對待戰爭，反映孫子慎戰的精神。如以孫子這種謹慎地面對戰爭的態度作參照以反思我們的生活，即意味當我們面對各種問題及處境時，亦當持慎微的態度，不應輕率失責。

2. 行事之先當思考自身的各種因素

〈計〉篇又云：「故經之以五事，校之以計，而索其情：一曰道，二曰天，三曰地，四曰將，五曰法。」孫子認為行軍之前，應先從五個方面加以考量，即「道義」、「天時」、「地利」、「將領」、「法規」，若五個因素均具備，戰爭的基礎即穩固。此正如我們行事之前，應當思考各種因素，如個人領導能力、團體合作、客觀環境等能否配合，以確保事情得以順利進行。〈計〉篇下文云：「凡此五者，將莫不聞；知之者勝，不知者不勝。故校之以計，而索其情，曰：主孰有道？將孰有能？天地孰得？法令孰行？兵眾孰強？士卒孰練？賞罰孰明？吾以此知勝負矣。」孫子於此重新複核行軍的條件，即上述「道」、「天」、「地」、「將」、「法」五方面的因素，並利用問題反覆思考，如主上是否有道？將師是否具備才能？天時地利是否兼備？軍中法令是否嚴謹？士卒是否訓練有素？軍中賞罰是否分明？這種反覆思考自身條件的思維，不單可運用在軍事上，實亦有助我們重新發現自身各方面的問題。

3. 重視領袖的素質

〈計〉篇云：「道者，令民與上同意也，故可以與之死，可以與之生，而不危也。」孫子指出戰爭之要在於統治者能否把持民心之向背，如統治者能勤政愛民，使人民與君主具相同意志，並願意犧牲自己的生命以保家衛國，則行軍的基礎才能具備。又下文云：「將者，智、信、仁、勇、嚴也。」他認為一位好的將帥必須具備智慧、信義、仁愛、勇敢、嚴肅等素質。以上提出的要求同樣亦是各個領袖必備的條件，其中民心之向背就如領袖能否得到下屬的支持；而「智」、「勇」是對領袖個人的要求；「信」、「仁」是領袖待人的態度；至於「嚴」，在待己、待人兩方面都適用。總之，好的領袖都應具備以上的條件。

4. 出奇制勝之道

〈計〉篇云：「兵者，詭道也。故能而示之不能，用而示之不用，近而示之遠，遠而示之近，利而誘之，亂而取之，實而備之，強而避之，怒而撓之，卑而驕之，佚而勞之，親而離之，攻其無備，出其不意。」上文中的「詭道」，乃指行軍當「通權達變」、「講求謀略」，而非「詭詐」。故此，所謂「能而示之不能，用而示之不用」等行動都是針對敵方的情況而變化，以達致「攻其無備，出其不意」，從而令敵方失去主導權，無從防範，使我軍取得勝利。我們要注意《孫子》「出奇制勝」之道乃建基於「觀察」與「計劃」，而非即時的創意，故此我們行事應否權變，實應權衡各種因素。

5. 重申「計劃」乃「行動」之基石

〈計〉篇最後總結云：「夫未戰而廟筭勝者，得筭多也；未戰而廟筭不勝者，得筭少也。多筭勝少筭，而況於無筭乎！吾以此觀之，勝負見矣。」所謂「廟筭」，是指軍隊行軍前，君、將在廟堂上衡量敵我的形勢，籌劃戰事。孫子認為戰爭前應充分考量自身及敵人的條件，才能確保戰爭的勝利。此一指導原則乃在強調「計劃」為「行動」之基石，警惕我們行事之前當深入謀劃，以提升行事的效驗。

三、結論

總結而言，以上五點皆是從《孫子兵法・計》篇中抽取出來的基礎理論，其核心原則在於事前周詳的計劃。孫子認為當事前準備工作愈完備，所獲得的成果就愈圓滿，即所謂「謀事在人」。而此一普遍原則實在適用於現代任何領域之中，因而《孫子》能廣泛地啟發現代人在不同領域中反思。

* 本文曾發表於香港都會大學田家炳中華文化中心：《田家炳中華文化中心通訊》第一期，2018 年 3 月，頁 22-24。

司馬遷遊歷考略
——兼論「旅行」對其寫作《史記》之作用

一、前言

司馬遷在二十歲時，曾經到達中國東南及中原地方旅行，據《史記・太史公自序》云：「二十而南游江、淮，上會稽，探禹穴，闚九疑，浮於沅、湘；北涉汶、泗，講業齊、魯之都，觀孔子之遺風，鄉射鄒、嶧；戹困鄱、薛、彭城，過梁、楚以歸。」[1]其後，司馬遷成為郎中，亦奉使巴、蜀、滇中等地，可以説「行走的愉悦」交織着司馬遷壯年的歲月。

這些旅遊及奉使的經歷，不但加深了司馬遷的人生經驗，而且亦成為了他撰作《史記》的其中一種資料來源。更重要的是，這些寶貴的體驗進一步提煉了司馬遷的感情。《史記》有不少篇章都是因為司馬遷曾到達當地遊覽，在尋找歷史足跡的過程中，觸景生情，從而流露對古人深厚的情思。故此，「旅行」對司馬遷寫作《史記》含有重大的意義：一方面，「旅行」的見聞使司馬遷能考察當地風俗，有助訂正史料；另一方面，「旅行」的感觸觸動了司馬遷的心靈，並使他把感想形諸文字，抒發對古人、古跡欣慕之情。

1　司馬遷：《史記》（北京：中華書局，1959 年），頁 3293。

本文擬先總合前人對司馬遷遊歷路線之推測，並嘗試指出各種說法之異同，以顯示司馬遷遊歷的經過，進而詳論「旅行」對司馬遷寫作《史記》之作用。

二、司馬遷旅行路線論略

在元封三年，司馬遷在繼任為太史令之後，就開始整理不同的史料，據〈太史公自序〉:「卒三歲而遷為太史令，紬史記石室金匱之書。」《史記索隱》引《博物志》:「太史令茂陵顯武里大夫司馬遷，年二十八，三年六月乙卯除，六百石。」又《索隱》引如淳云:「抽徹舊書故事而次述之。」[2]而所謂「石室」、「金匱」,「皆國家藏書之處」[3]，可見司馬遷因擔任太史令一職之便，得以閱覽國家藏書，成為他日後寫作《史記》之基礎。而班固在《漢書・司馬遷傳》曾指出《史記》之材料來源，其言:「故司馬遷據《左氏》、《國語》，采《世本》、《戰國策》，述《楚漢春秋》，接其後事，訖於天漢。其言秦漢，詳矣。……亦其涉獵者廣博，貫穿經傳，馳騁古今，上下數千載間，斯以勤矣。」[4]指出史遷在寫作《史記》時，參考了不少前代著作，取材甚廣。近人安平秋、張大可等更仔細統計司馬遷所見古籍，其中六經及其訓解書二十三種、諸子百家及方技書五十三種、文學書七種、歷史地理及漢室檔案二十三種，合共一百零六種，可知班固謂《史記》「涉

2　司馬遷：《史記》，頁 3296。

3　司馬遷：《史記》，頁 3296。

4　班固：《漢書》(北京：中華書局，1959 年)，頁 3296。

獵者廣博」，並非虛語。[5]由此可知，《史記》中有不少史料都是整理自西漢以前的檔案、書籍。然就整部《史記》而論，亦有不少材料來自史遷的個人閱歷。而其閱歷的深度，有一部分建基於司馬遷年青時期旅行的經歷。這些豐富的見聞，令《史記》脫離了單純的資料整理，而成為一部充滿史家個人情感的不朽巨著。

據王國維〈太史公行年考〉，司馬遷是在漢武帝元朔三年乙卯二十歲遊歷天下。[6]《史記・太史公自序》曾記載當時的行程：「二十而南游江、淮，上會稽，探禹穴，闚九疑，浮於沅、湘；北涉汶、泗，講業齊、魯之都，觀孔子之遺風，鄉射鄒、嶧；戹困鄱、薛、彭城，過梁、楚以歸。」[7]據史遷自己的記述，其足跡遍及江淮流域及中原地區。而王氏據現有的史料認為：「史公足跡殆遍宇內所未至者，朝鮮、河西、嶺南諸初郡耳。」[8]其說可作參考。

然而，〈自序〉所載之遊歷過程應非順着史遷旅行的次序。不少學者亦曾指出其中的問題，如王國維〈太史公行年考〉云：「考〈自序〉所紀，亦不盡以遊之先後為次。其次當先浮沅湘，闚九疑，然後上會稽，自是北涉汶泗，過楚及梁而歸，否則既東復西，又折而之東北，殆無是理。史公此行，據衛宏說，以為奉使乘傳行天下，求古諸侯之史記也，然公此時尚未服官。下文云『於是遷始仕為郎中』，明此時尚未仕，則此行殆為宦學，而非奉

5　見安平秋、張大可、俞樟華：《史記教程》（北京：華文出版社，2002 年），頁 138–149。

6　王國維：〈太史公行年考〉，《王國維遺書》（上海：上海書店出版社，1983 年），第 1 冊，頁 498。

7　司馬遷：《史記》，頁 3293。

8　王國維：〈太史公行年考〉，頁 501。

使矣。」[9] 可見王國維認為〈自序〉所記之遊歷次序方向顛倒，似非當時史遷旅行之實際情形。王氏進一步指出史遷遊歷之舉的目的在於學習，而非奉使求書。而聶石樵《司馬遷論稿》亦言：「他的敍述，不完全是以漫遊的先後為序，不然既向東又往西，再從西折回東北，不合情理。」[10] 聶氏所言大抵與王氏相同。

故此，學者多從路線之合理性，以推測史遷行程之次序。王國維〈太史公行年考〉就曾推測其路線：

> 是歲所歷各地以先後次之如左：適長沙觀屈原所自沈淵（〈屈原賈生列傳〉）。浮於沅湘（〈自序〉）。闚九疑（同上）。南登廬山觀禹疏九江，遂至於會稽大湟（〈河渠書〉）。上會稽，探禹穴（〈自序〉）。上姑蘇，望五湖（〈河渠書〉）。適楚，觀春申君故城宮室（〈春申君列傳〉，據《絕越書》則春申君故城宮室在吳）。適淮陰（〈淮陰侯列傳〉）。行淮、泗、濟、漯（〈河渠書〉。北涉汶、泗，講業魯之都，觀孔子之遺風，鄉射鄒嶧（〈自序〉）。適魯觀仲尼朝堂車服禮器，諸生以時習禮其家（〈孔子世家〉）。厄困鄱、薛、彭城（〈自序〉）。過薛（〈孟嘗君傳〉）。適豐、沛（〈樊酈滕灌列傳〉。過梁、楚以歸（〈自序〉）。適大梁之墟（〈魏世家〉及〈信陵君列傳〉）。[11]

又聶石樵《司馬遷論稿》所推測的路線基本與王氏相同，但

---

9 王國維：〈太史公行年考〉，頁 499。

10 聶石樵：《司馬遷論稿》（北京：人民教育出版社，2001 年），頁 30。

11 王國維：〈太史公行年考〉，頁 499。

在個別地點之先後有所分歧。其中在「上姑蘇，望五湖」之後，聶氏認為史遷當先到淮陰，而非春申君故城，且認為史遷到春申君故城當在他遊大梁之前。[12]

另一方面，李長之《司馬遷之人格與風格》所擬之路線與上述兩者分別較大。李氏認為史遷當先到淮陰，後上廬山、會稽，再到九疑、長沙，然後北上姑蘇、五湖，後至齊魯，而厄於鄱、薛、彭城，再到豐、沛，後至大梁、春申君故城，最後以箕山作結。李氏之說值得注意的地方是，王國維及聶石樵在路線中均沒有提及「箕山」，而考《伯夷列傳》云：「太史公曰：余登箕山，其上蓋有許由塚云。」[13] 因而李長之把「箕山」納入史遷路線中，其說有據，但「箕山」是否史遷最後一站，現已不得而知。

總括以上三說，我們可以歸納為數點：第一，〈自序〉所載司馬遷遊歷之經過應非當時旅行之順序，其中司馬遷純粹因其行文的意念，[14] 錯落有致地敍述其行程，而未以旅行的先後為據。第二，雖然〈自序〉所載不是順序，但其結尾言「過梁、楚以歸」，據此，我們大抵可以確定史遷旅行之終點，應是終於現今

---

12 聶石樵：《司馬遷論稿》，頁 30-33。

13 司馬遷：《史記》，頁 2121。

14 司馬遷敍述史事，有時因其感情及行文之需要，而沒有理會史事之正確性，如〈自序〉言：「不韋遷蜀，世傳呂覽。」考〈呂不韋列傳〉云：「呂不韋以秦之彊，羞不如，亦招致士，厚遇之，至食客三千人。時諸侯多辯士，如荀卿之徒，著書布天下。呂不韋乃使其客人人著所聞，集論以為〈八覽〉、〈六論〉、〈十二紀〉，二十餘萬言。以為備天地萬物古今之事，號曰《呂氏春秋》。布咸陽市門，懸千金其上，延諸侯遊士賓客有能增損一字者予千金。」可知呂不韋命門客著《呂氏春秋》當在其免丞相遷蜀之前，而史遷言「不韋遷蜀，世傳呂覽」者，當為抒解其發奮著作之激情，而沒有考慮史事之真確性。

開封、徐州等地。第三，上述三說的主要分歧在於起點，王、聶二氏認為史遷首站當為長沙，即估計史遷之路線由南而北，後至齊魯，再到梁楚。而李氏以淮陰為起點，則以〈自序〉首句「二十而南游江、淮」為據。但兩者皆為假設，由於史料不足，學者對於史遷旅行的經過，只能作出有限的推測，而沒有一致的答案。

三、「旅行」對司馬遷寫作《史記》之作用

在擔任太史公一職之前，司馬遷大概仍未有寫作《史記》之意念。然其父司馬談希望司馬遷能繼承父業，完成其寫作史書以歌頌聖主之遺願。於是司馬遷下定決心，「悉論先人所次舊聞」作《史記》。雖然，撰作史書，尤其是處理縱橫數千年的歷史，當以整理前代史籍的資料為主，即〈自序〉所言「紬史記、石室、金匱之書」。但早年旅行的經歷，卻為司馬遷培養出良好的史識。綜考整部《史記》，可知史遷並不以書面材料為限，而是把其旅行的閱歷都融化在《史記》之中。故此，「旅行」對司馬遷來說，意義非常重大：既有助辨識史料之真偽，又能增加他對史料的感性知識，並使史遷在遊歷之際，觸景生情，把對古人的深厚情思形諸文字。

而《史記》所載有關司馬遷的旅遊經歷，大都集中在「太史公曰」中。「太史公曰」由司馬遷所創立，是一種特別的史論形式。清王鳴盛《十七史商榷》卷一〈史記創立體例〉云：

> 《史記》「太史公曰」云云者，此其斷語也，而班氏改稱「贊」，陳壽改稱「評」，至范蔚宗又改稱「論」矣，

> 而又系之以「贊」，論為散文，贊為四言詩。沈約《宋書》，改論稱史臣曰，蕭子顯《南齊書》、姚思廉《梁》、《陳》二書、魏收《北魏書》，令狐德棻《北周書》，及《晉書》、《隋書》、《舊唐書》並同，《五代史》論直起，不加標題，而輒以「嗚呼」二字引其端，此皆其名目之不同者也……要總未能出《史記》之範圍者。[15]

可知自《史記》「太史公曰」出現後，即奠定了史書論贊的傳統。

然《史記》「太史公曰」形式靈活多變，內容豐富，張大可指出：根據傳統，前人多稱篇前之「太史公曰」為序，篇末之「太史公曰」為贊；〈天官書〉後、〈伯夷列傳〉等夾敍夾議，「太史公曰」置於篇中為論；篇末〈太史公自序〉則為全書總論，構成了《史記》多種形式的史論。[16] 而「太史公曰」具有不同的功能，張桂萍《史記與中國史學傳統》認為「太史公曰」之作用，包括「託贊褒貶，勸懲系焉」、「補傳之不足，極人情所難言」以及「明述作者之本旨，見去取之從來」等，[17] 而非局限於評論史事一類，其說有據。而經仔細分析，可知司馬遷亦把不少早年旅行的經歷放入「太史公曰」中。故此，「太史公曰」的另一功能就是記錄史遷旅行的感受。本節擬分析《史記》「太史公曰」所載司馬遷的旅行經歷，從而指出「旅行」對司馬遷寫作《史記》之作用。

---

15 王鳴盛：《十七史商榷》(北京：商務印書館，1959 年)，卷 1，〈史記創立體例〉，頁 5-6。

16 參考自張大可：《史記論贊輯釋》(陝西：陝西人民出版社，1986 年)，〈前言〉，頁 1。

17 張桂萍：《史記與中國史學傳統》(重慶：重慶出版社，2004 年)，頁 172-181。

1. 考訂史料

前代史著，經過多年的流傳，對於同一史事的記載，可能出現多種說法。而司馬遷撰寫《史記》時，對不同的文獻材料都作出整理，即〈自序〉所謂「厥協《六經》異傳，整齊百家雜語」。而史遷早年的旅行經歷，就成為其審辨史料的助力，如〈五帝本紀〉云：

> 太史公曰：學者多稱五帝，尚矣。然《尚書》獨載堯以來；而百家言黃帝，其文不雅馴，薦紳先生難言之。孔子所傳宰予問五帝德及帝繫姓，儒者或不傳。余嘗西至空桐，北過涿鹿，東漸於海，南浮江淮矣，至長老皆各往往稱黃帝、堯、舜之處，風教固殊焉，總之不離古文者近是。予觀《春秋》、《國語》，其發明〈五帝德〉、〈帝繫姓〉章矣，顧弟弗深考，其所表見皆不虛。書缺有閒矣，其軼乃時時見於他說。非好學深思，心知其意，固難為淺見寡聞道也。余並論次，擇其言尤雅者，故著為本紀書首。[18]

西漢時，學者對於堯舜以前的歷史瞭解不多，傳說中的上古史，就有三皇、五帝等不同說法。但《尚書》開首只記述帝堯，不及黃帝，故此有關黃帝的歷史並沒有一個權威的來源。在司馬遷看來，當時關於黃帝的記載，百家之言既不合典雅之訓，連熟知故事的縉紳先生亦難以討論。張大可認為「百家」，當指《漢書・藝文志・諸子略》中載於「小說家」之《百家》，是春秋戰國

18 司馬遷：《史記》，頁 46。

時的小說彙編。[19]然而此「百家」當泛指諸子百家，因當時不同子書，如《莊子》、《韓非子》、《淮南子》、《文子》等，都有黃帝的記載，這些內容今天仍能看到，故「百家」未必專指「小說家」之《百家》。諸子之書，地位不及五經，又其所記黃帝事旨在說理，而非「實錄」，故史遷有「不雅馴」的評價。

所謂「五帝德」、「帝繫姓」皆《大戴禮記》之篇名，記載宰予向孔子詢問黃帝之事跡，但由於此兩篇並非出於五經，故當時儒者並不重視這些記載。司馬遷曾到空桐、涿鹿等地考察，前者是相傳黃帝問道於廣成子之地，後者是黃帝、堯、舜之都，並向當地長老查詢有關黃帝、堯、舜的傳說，加深了史遷對上古史的認識。再經過對各種文獻材料的考證，包括《春秋》、《國語》等古書，史遷認為〈五帝德〉中有關黃帝之記載是可信的。他指出這些內容雖然不見於《尚書》，可能由於「書缺有閒」，但其中所記並沒有違背古文經的說法，因而《史記・五帝本紀》有關古史之敍述始於黃帝。由此可見，司馬遷將文獻資料與當地見聞結合，從而作出客觀的分析，以證明〈五帝德〉之不妄。

又如《史記・魏世家》云：

> 太史公曰：吾適故大梁之墟，墟中人曰：「秦之破梁，引河溝而灌大梁，三月城壞，王請降，遂滅魏。」說者皆曰魏以不用信陵君故，國削弱至於亡，余以為不然。天方令秦平海內，其業未成，魏雖得阿衡之佐，曷益乎？[20]

19 張大可：《史記論贊輯釋》，頁 45。

20 司馬遷：《史記》，頁 1864。

司馬遷指出自己曾到魏國故城大梁作考察，從〈自序〉言「過梁、楚以歸」，大概這是史遷行程之結尾部分。司馬遷與大梁墟中人談話，知道當時秦灌大梁，足足持續了三個月，最後魏王假投降而魏滅。按《史記・秦始皇本紀》云：「二十二年，王賁攻魏，引河溝灌大梁，大梁城壞，其王請降，盡取其地。」[21] 而〈魏世家〉云：「三年，秦灌大梁，虜王假，遂滅魏以為郡縣。」[22] 兩處皆記魏之滅亡經過而長略互見，但都沒有提及灌城之時間。史遷透過親自探訪，從當地人口中得知秦圍魏城之過程，補充了重要的史料，此亦反映當年旅行的經歷有助考證、補充史料。

2. 增廣見聞

司馬遷到不同地方旅行，亦增加了他對中國各地風土人情之認識，從而增廣了不少見聞，如《史記・齊太公世家》云：

> 太史公曰：吾適齊，自泰山屬之琅邪，北被於海，膏壤二千里，其民闊達多匿知，其天性也。[23]

司馬遷自言曾到齊地調查，看到由泰山向東至琅邪，往北至勃海，土地非常肥沃。而據史遷考察，他認為當地民風不拘小節，深藏聰明而不外露。考〈貨殖列傳〉云：「齊帶山海，膏壤千里，宜桑麻，人民多文綵布帛魚鹽。臨菑亦海岱之閒一都會也。其俗寬緩闊達，而足智，好議論，地重，難動搖，怯於眾鬭，勇於

---

21 司馬遷：《史記》，頁 234。

22 司馬遷：《史記》，頁 1864。

23 司馬遷：《史記》，頁 1513。

持刺，故多劫人者，大國之風也」，[24] 其中論齊民「寬緩闊達，而足智，好議論」，可與〈齊太公世家〉相參。

又司馬遷曾到齊地之薛瞭解當地風俗，〈孟嘗君列傳〉云：

> 太史公曰：吾嘗過薛，其俗閭里率多暴桀子弟，與鄒、魯殊。問其故，曰：「孟嘗君招致天下任俠，姦人入薛中蓋六萬餘家矣。」世之傳孟嘗君好客自喜，名不虛矣。[25]

史遷指出薛地民風兇悍，當地人認為乃孟嘗君任俠，使天下姦人聚居薛地之故，亦與上文〈貨殖〉所言齊人多「怯於眾鬪，勇於持刺，故多劫人者」相參。可見司馬遷因旅行之便，深切地體驗齊地民風，加深對當地民眾的瞭解。

而在《史記》中，司馬遷亦多記他在各地遊覽的見聞，如〈樊酈滕灌列傳〉云：「太史公曰：吾適豐沛，問其遺老，觀故蕭、曹、樊噲、滕公之家，及其素，異哉所聞！」[26] 又《史記・春申君列傳》：「太史公曰：吾適楚，觀春申君故城，宮室盛矣哉！」[27] 反映出早年旅行的經驗，豐富了司馬遷不少見識。

3. 抒發感情

「旅行」對司馬遷來說，不單止是鍛鍊其史學、史識的手段，更重要的是，司馬遷可以透過遊覽古人舊地，進而與古人神

24　司馬遷：《史記》，頁 3265。
25　司馬遷：《史記》，頁 2363。
26　司馬遷：《史記》，頁 2673。
27　司馬遷：《史記》，頁 2399。

交，抒發他對古人的敬愛。如〈孔子世家〉云：

> 太史公曰：詩有之：「高山仰止，景行行止。」雖不能至，然心鄉往之。余讀孔氏書，想見其為人。適魯，觀仲尼廟堂車服禮器，諸生以時習禮其家，余祗迴留之不能去云。天下君王至於賢人眾矣，當時則榮，沒則已焉。孔子布衣，傳十餘世，學者宗之。自天子王侯，中國言六藝者折中於夫子，可謂至聖矣！[28]

司馬遷對孔子極為推崇，既置之於〈世家〉之中，又認為六經皆由孔子刪述，功業至大，故在論贊中表達對孔子嚮往之情。[29] 司馬遷與孔子相距四百餘年，雖「想見其為人」而無從見面，只好到魯地遊覽。在孔子的廟堂中，史遷觀摩不同禮器以及諸儒生如何習禮，由此深深感受到孔子對文化的貢獻，更使其低徊沉思，留戀忘返，認為孔子雖為布衣，但他對中國影響之深，確為至聖。

又如〈屈原賈生列傳〉云：

> 太史公曰：余讀〈離騷〉、〈天問〉、〈招魂〉、〈哀郢〉，悲其志。適長沙，觀屈原所自沈淵，未嘗不垂涕，想見其為人。[30]

---

28 司馬遷：《史記》，頁 1947。

29 可參考李長之：《司馬遷之人格與風格》，頁 42-47。

30 司馬遷：《史記》，頁 2503。

司馬遷閱讀屈原的文章，對其愛國情操深感敬重，〈屈原賈生列傳〉云：「屈平正道直行，竭忠盡智以事其君，讒人間之，可謂窮矣。信而見疑，忠而被謗，能無怨乎？」[31] 此數句正道出史遷「悲其志」之內容。而當史遷到達南楚長沙憑弔屈原時，親身眺望屈原所投之江，其感觸更勝閱讀文章，亦如想念孔子般，想與屈原見面，可惜只能望江垂涕，對屈原之音容作出想像。

再如〈魏公子列傳〉云：

> 太史公曰：吾過大梁之墟，求問其所謂夷門。夷門者，城之東門也。天下諸公子亦有喜士者矣，然信陵君之接巖穴隱者，不恥下交，有以也。名冠諸侯，不虛耳。高祖每過之而令民奉祠不絕也。[32]

司馬遷到達魏大梁城之夷門遊覽。據〈魏公子列傳〉云：「魏有隱士曰侯嬴，年七十，家貧，為大梁夷門監者」，[33] 後得信陵君恭敬對待，終拜為上客，而他亦為信陵君策劃奪符。司馬遷最欣賞「士為知己者死」、「君子詘於不知己而信於知己」之精神，因而他能親身體驗這個禮賢下士的場景，極為感動。

以上三例可見，司馬遷到達不同地方遊覽，在尋找歷史足跡的過程中，觸景生情，並使他把感想形諸文字，更深刻地抒發對古人敬慕之情。

---

31 司馬遷：《史記》，頁 2482。

32 司馬遷：《史記》，頁 2385。

33 司馬遷：《史記》，頁 2378。

四、結語

本文總合前人對司馬遷遊歷路線之推測，並析其異同，進一步顯示司馬遷早年遊歷之經過。另一方面，本文指出《史記》「太史公曰」的另一種功能在於記述司馬遷早年的旅行經歷。而經深入研究，本文認為「旅行」的見聞是司馬遷寫作《史記》其中一種重要的資料來源，既有助考證史料之可信性，又令史遷更深入地瞭解各地之風土人情，從而更準確地記載當地民風。

而且「旅行」亦是史遷思念古人之途徑。由於年代不同，史遷固然不能與孔子、屈原等聖人、名士見面，但透過遊覽古蹟舊地，史遷仍能感受古人的精神，並觸發他把感受形諸文字，使我們今天仍能體驗其深厚的感情。故此，「旅行」對史遷寫作《史記》有非常重大的意義，是《史記》一書不可或缺的組成部分。

＊ 本文曾發表於張雙慶、余濟美編：《行走的愉悦——第三屆世界華文旅遊文學國際學術研討會文集》，香港：香港中文大學聯合書院、明報月刊、世界華文旅遊文學聯會，2013 年，頁 57-67。收入本書時有所修訂。

論《史記．游俠列傳》中的「篇章修辭」

——兼論「篇章修辭」理論在古漢語教學中的作用

一、前言

過去漢語修辭學研究重於分析「修辭格」，如陳望道《修辭學發凡》將修辭手法分為「消極修辭」及「積極修辭」兩大類，所謂「積極修辭」就是「修辭格」的分析，約佔全書五分之四篇幅。[1] 其後楊樹達《中國修辭學》更重點分析古代漢語的修辭方式，[2] 而未及論述文章的結構與組織，可見「篇章修辭」在當時未引起廣泛討論。後來，學者把「修辭學」劃分為不同範疇，發展出「中國現代修辭學」，以重點分析現代漢語作品修辭方式的特點，其中不單止重視「修辭格」之闡釋，更越來越多學者着重於「篇章修辭」之研究。[3] 所謂「篇章修辭」屬「消極修辭」範疇，雖然有人認為「消極修辭」不當納入「修辭學」的討論範圍，[4] 但仍

1 陳望道：《修辭學發凡》（上海：上海教育出版社，1997 年）。

2 楊樹達：《中國修辭學》（北京：科學出版社，1954 年）。

3 可參考宗廷虎主編、高萬雲著：《20 世紀中國修辭學》（北京：中國人民大學出版社，2008 年）。

4 可參考譚永祥：〈消極修辭的專著在哪裏〉，載《當代修辭學》1987 年第 6 期，頁 8-9 及譚永祥：〈消極修辭不是客觀存在，而是「皇帝的新衣」〉，載《當代修辭學》1993 年第 6 期，頁 30-32。

有不少學者嘗試深入討論「篇章修辭」的技巧，如張志公《現代漢語》中有專題討論文章「篇」與「段」的組織規律，可算是對「篇章修辭」研究作一開展。[5] 及後鄭文貞《篇章修辭學》更以專著形式詳細地討論「篇章修辭」的運用，將「篇章修辭」的研究推向高峰。[6] 可惜張氏、鄭氏的著作主要分析現代漢語篇章的「篇章修辭」，其舉例不及古漢語篇章。

近年，亦有學者嘗試勾勒出同一修辭格由古至今之演變，藉以探討「修辭史」發展之軌跡，如于廣元《漢語修辭格發展史》、宗廷虎《修辭史與修辭學史闡釋》等，[7] 然而這些著作多重於研究修辭格，未有論及「篇章修辭」。[8] 其實，「篇章修辭」重於掌握文章中「篇」、「段」、「句」之組織與呼應。這些技巧，古代稱為「章法」，故此我們不但可以利用現代漢語篇章教授「篇章修辭」，更應透過「篇章修辭」角度分析中國古代篇章，以顯示「篇章修辭」由古至今的發展。本文認為《史記》的篇章實為討論中國古代「篇章修辭」極佳之教材，因為司馬遷行文極重前後呼應，而且篇內照應緊密，清代桐城派之奠基者方苞甚至視研習《史記》為學習古文之門徑。但香港學生較少接觸古文，更遑論利用桐城「義法」或古文評點來學習古文結構。故此，本文擬全

5　張志公：《現代漢語》（北京：人民教育出版社，1982 年）。

6　鄭文貞：《篇章修辭學》（廈門：廈門大學出版社，1991 年），頁 180。

7　于廣元：《漢語修辭格發展史》（長春：吉林人民出版社，2003 年）及宗廷虎：《修辭史與修辭學史闡釋》（濟南：山東文藝出版社，2008 年）。

8　另外，亦有學者嘗試利用「篇章修辭」觀點對古文修辭理論加以闡釋，如朱廣成：〈劉勰的消極修辭論〉，載《當代修辭學》1990 年第 1 期，頁 30-32。

面分析《史記・游俠列傳》在結構及照應等方面的技巧，並嘗試利用張志公及鄭文貞等學者所提出的「篇章修辭」理論與術語作為參照，以協助同學更深入地瞭解古漢語作品之組織，從而提升其閱讀及寫作能力。最後，本文亦會討論「篇章修辭」理論在古漢語教學中的作用。

二、〈游俠列傳〉中的「篇章修辭」技巧

《史記》篇章組織嚴密，篇中文字每每前後照應，故清代學者方苞對《史記》的篇章結構極為賞識，甚至認為研讀《史記》乃學習寫作古文之「義法」，他在〈又書貨殖傳後〉云：「《春秋》之制義法，自太史公發之，而後之深於文者亦具焉。義即《易》之所謂『言有物』也，法即《易》之所謂『言有序』也。義以為經而法緯之，然後為成體之文。」[9] 所謂「言有物」乃就內容而言，認為《史記》文意深邃；所謂「言有序」就是指文章組織之法，可見方氏認為《史記》的篇章組織緊密，可成為後人學習古文之門徑。但香港學生較少接觸古文，對於閱讀文本已感困難，更遑論利用古人「義法」來體會中國古代文章結構之奧妙。而前人討論〈游俠列傳〉多注意司馬遷個人遭際與〈游俠列傳〉之關係，或重於分析該篇夾敍夾議之筆法，而鮮有全面討論〈游俠列傳〉在篇章組織上的技巧。故此，本文嘗試利用現代修辭學「篇章修辭」觀點來分析《史記・游俠列傳》篇章組織之技巧，以消除現代學生體味古文之隔閡，並補充前人研究之未足。

---

9 劉季高校點、方苞著：《方苞集》（上海：上海古籍出版社，2008年），頁58-59。

1.〈游俠列傳〉中的篇章結構

張志公指出傳統以「起」、「承」、「轉」、「合」四字分析文章之結構，但由於每篇文章的主題、內容、手法皆不相同，故此所謂「起、承、轉、合」亦各有差異。[10] 以〈游俠列傳〉為例，其起筆就與《史記》其他篇章不同。《史記》中，除了十《表》、八《書》因體裁之異，不以人物姓名起筆外，《本紀》、《世家》、《列傳》等部分多以人物作為寫作線索，故這些篇章的起筆亦多以人物姓名為先，如〈五帝本紀〉「黃帝者，少典之子，姓公孫，名曰軒轅。」又〈汲鄭列傳〉:「汲黯字長孺，濮陽人也。」但〈游俠列傳〉則以議論起筆，其云：「《韓子》曰：『儒以文亂法，而俠以武犯禁。』二者皆譏，而學士多稱於世云。」引用《韓非子・五蠹》之文字，以帶出「儒」、「俠」兩端，然後史遷把儒生分為兩類，一類是以求取宰相卿大夫為目的的儒生，另一類是義不苟合當世之有德之士。後文並對「游俠」下一定義，云：「今游俠，其行雖不軌於正義，然其言必信，其行必果，已諾必誠，不愛其軀，赴士之阨困，既已存亡死生矣，而不矜其能，羞伐其德，蓋亦有足多者焉。」可見〈游俠列傳〉首段已點出題目「游俠」兩字，這就是文章的「起」。

承接首段的引論，司馬遷再深化其議論之觀點，認為「緩急，人之所時有也」，即使是才德兼備之人仍不免遇上禍患，故游俠能助人忘私，其功德實不可抹。且「竊鉤者誅，竊國者侯，侯之門仁義存」，世間所謂「仁義」全被當權者所控制，因而用世俗之標準來衡量游俠或未必適當。後文再以讀書懷德之布衣之

---

10 張志公：《現代漢語》，頁 71-72。

士與游俠作比較，認為若從對社會的影響力而言，游俠「功見言信」之作用實較儒生為重，既呼應首段之對儒、俠之劃分，又引出司馬遷對游俠之看法，指出游俠與豪暴之徒性質不同，故特設立〈游俠列傳〉，以明游俠之行事，此部分可看為「承」。抒發議論後，司馬遷開始敍述游俠的事跡，其中記敍了朱家、田仲、劇孟、郭解等人之行事，並以郭解為詳，此部分可看為「轉」。文章結語以「太史公曰」論述了司馬遷個人對郭解之感觸，這就是文章之「合」。以上可見，〈游俠列傳〉的篇章結構完整，「起」、「承」、「轉」、「合」四者皆有致。

2.〈游俠列傳〉中的「段」與「篇」之組織

(1) 連貫性

張志公指出：「一篇文章是一個完整的、有機的統一體，裏面的每一段又是一個相對完整的單位。在一篇文章中，段與段之間意思要連貫；在一段話裏，句與句或者句群之間，意思也要連貫，不要前後脱節，不要前言不搭後語。這種連貫性反映了作者思想的條理性和嚴密的邏輯性，也反映了客觀事物的內在聯繫。」[11] 可見無論「篇」與「段」都需要適意安排，才能令文章連貫起來。

在〈游俠列傳〉中，無論「段」與「篇」都有緊密的連貫。就段而言，如首段云：「《韓子》曰：『儒以文亂法，而俠以武犯禁。』二者皆譏，而學士多稱於世云。至如以術取宰相卿大夫，輔翼其世主，功名俱著於春秋，固無可言者。及若季次、原憲，

11 張志公：《現代漢語》，頁 74。

閭巷人也，讀書懷獨行君子之德，義不苟合當世，當世亦笑之。故季次、原憲終身空室蓬戶，褐衣疏食不厭。死而已四百餘年，而弟子志之不倦。今游俠，其行雖不軌於正義，然其言必信，其行必果，已諾必誠，不愛其軀，赴士之阸困，既已存亡死生矣，而不矜其能，羞伐其德，蓋亦有足多者焉。」其中先以〈五蠹篇〉作引入，並論「儒」、「俠」，提出全文線索，其後「至如以術取宰相卿大夫……而弟子志之不倦」等一組句群論述儒生之不同類型，結尾「今游俠……蓋亦有足多者焉」之句群論述司馬遷對游俠之看法，並指出游俠亦如有德之士一樣，當有可足稱之處，既為此段作總結，亦同時照應開首儒俠較量及段中對儒生之論述，可見史遷把篇中前後意思聯繫得非常緊密，層次井然。

就整篇而言，儒、俠較量之筆觸亦照應全篇，前人評點亦多注意此點，如牛運震《史記評注》云：「『儒』、『俠』二字一篇眼目，太史公援儒稱俠，謂俠客之義有合於士君之行也。……後文則以卿相之俠形出布衣之俠。而又稱游俠之士與豪暴之徒不同，以終一篇之旨。意思最為深厚，評量極為平允，往復跌宕，淋漓盡致。」[12] 又李景星《史記評議》云：「通篇以『緩急人所時有』句為關鍵，以『儒』、『俠』二字為眼目。」[13] 可見前人都認為〈游俠列傳〉整篇都緊扣「儒」、「俠」兩字。概而論之，如第五段云：「誠使鄉曲之俠，予季次、原憲比權量力，效功於當世，

---

12 牛運震：《史記評註》，據乾隆58年空山堂《史記評註》12卷本影印，載《二十五史三編》第一分冊（長沙：岳麓書社，1994年），頁877。

13 轉引自韓兆琦：《史記箋證》，（南昌：江西人民出版社，2004年），第九冊，頁6123。

不同日而論矣。要以功見言信，俠客之義又曷可少哉！」即以獨行懷德之季次、原憲與游俠比較，指出若從「功見言信」觀之，俠客之作用甚至高於真儒，此亦呼應開首〈五蠹篇〉之引論。又下文敘及游俠行事時，仍不忘照應儒、俠兩端，如述朱家云：「魯人皆以儒教，而朱家用俠聞」，而敘郭解則言：「軹有儒生侍使者坐，客譽郭解，生曰：『郭解專以姦犯公法，何謂賢！』解客聞，殺此生，斷其舌。」甚至郭解之被誅是全因偽儒公孫弘之言，可見篇中多處照應儒、俠之衝突，從而連貫全篇。

（2）一致性

篇章修辭亦重文章的「一致性」，不但文章中的各個部分需要互相協調，而篇中所運用的語言亦須統一，這樣才能令文章風格統一，結構緊密。[14] 就〈游俠列傳〉而言，其語言風格統一，由開首至結尾都以極精練的古文書寫，要言不煩，如第八段：「是時濟南瞯氏、陳周庸亦以豪聞，景帝聞之，使使盡誅此屬。其後代諸白、梁韓無辟、陽翟薛兄、陜韓孺紛紛復出焉。」此段只用了四十多字就勾勒出漢初游俠之梗概，可見史遷文字之精練。

而〈游俠列傳〉中，段落的組織亦非常嚴密，基本上每段都有一個中心思想，段中的句子根據中心思想而組織，可謂絕無贅言，如第六段：「魯朱家者，與高祖同時。魯人皆以儒教，而朱家用俠聞。所藏活豪士以百數，其餘庸人不可勝言。然終不伐其能，歆其德，諸所嘗施，唯恐見之。振人不贍，先從貧賤始。家無餘財，衣不完采，食不重味，乘不過軥牛。專趨人之急，甚

14 可參考張志公：《現代漢語》，頁 76-78。

己之私。既陰脱季布將軍之阸，及布尊貴，終身不見也。自關以東，莫不延頸願交焉。」此段主要介紹了朱家的背景、行事及為人等，並簡敘他與季布的交往，以帶出游俠助人重諾、不伐己功之宗旨，可見整段文字都以朱家作為中心加以論述，內容一致。

(3) 藝術性

篇章的「藝術性」是指「組織篇章的技巧」，但張志公在《現代漢語》並沒有舉例說明，及後鄭文貞《篇章修辭學》提出文章「層次的劃分與安排」，才較詳細地討論篇章組織的技巧，他云：「文章的層次是文章內容表現次序，而為了使文章的主題集中明確，文章的內容是有主有次，有詳有略的。適應文章內容的需要，文章層次的劃分有時可以多標準的，多次的。」[15] 可見篇章組織技巧可以非常靈活。

〈游俠列傳〉篇中的層次可謂極之豐富。從全篇看，〈游俠列傳〉運用了夾敘夾議的寫作手法，文章開首五段，司馬遷議論了游俠之定義、真儒與偽儒之差異及何謂「仁義」等主題，既感於社會對游俠有所誤解而排擯不載，亦慨嘆世人將游俠視作暴徒，故此五段的目的在於突出司馬遷對游俠這類人之看法——游俠一類人物救人危急，不矜己功，行為雖有不合正義之處，然亦值得肯定。在議論後，司馬遷以時間作線索，開始敘述游俠人物之行事，由於上古布衣之俠資料不足，故史遷從高祖時之朱家開始，歷敘田仲、劇孟及郭解等人之行事，以顯示漢初至武帝時期游俠行事的大概。

---

15 鄭文貞：《篇章修辭學》，頁 180。

但篇中的議論與敘述並非截然分開，在下半部敘述游俠之行事時，仍不時緊扣上半部議論之觀點，如第五段議論云：「以余所聞，漢興有朱家、田仲、王公、劇孟、郭解之徒，雖時扞當世之文罔，然其私義廉絜退讓，有足稱者。名不虛立，士不虛附。至如朋黨宗彊比周，設財役貧，豪暴侵凌孤弱，恣欲自快，游俠亦醜之。余悲世俗不察其意，而猥以朱家、郭解等令與暴豪之徒同類而共笑之也。」可見史遷認為豪強恃財侵淩弱小，行事大異於游俠，故下文記述游俠事跡時常常突出游俠與豪暴的差異，如敘朱家云「家無餘財，衣不完采，食不重味，乘不過軥牛」，而「及劇孟死，家無餘十金之財」，又「及徙豪富茂陵也，解家貧，不中訾」，可見朱家、劇孟、郭解等人常救濟貧窮，以致家境清貧，根本不能如暴豪般「設財役貧」。後文更言：「至若北道姚氏，西道諸杜，南道仇景，東道趙他、羽公子，南陽趙調之徒，此盜蹠居民閒者耳，曷足道哉！此乃鄉者朱家之羞也。」可知各地暴豪之行徑，自史遷觀之，實與盜蹠無異，而「振人不贍」之朱家亦不會認同此等豪強，故此游俠與暴豪實非同類。由上可見，傳中的議論與敘事呼應極為密切，此亦可反映〈游俠列傳〉組織之藝術性。

另外，篇章修辭講求文章層次的劃分，鄭文貞指出：「層次是文章內容的表現次序，文章是客觀事物的反映，層次要正確地表現文章的內容，必須根據客觀事物的內在聯繫進行科學的劃分。只有這樣，文章才能做到層次分明，條理清楚。」[16]〈游俠列

16 鄭文貞：《篇章修辭學》，頁 177-178。

傳〉把不同人物進行分類，亦令文章的層次非常清晰，如第一段云：「至如以術取宰相卿大夫，輔翼其世主，功名俱著於春秋，固無可言者。及若季次、原憲，閭巷人也，讀書懷獨行君子之德，義不苟合當世，當世亦笑之。」將儒生分為以求取卿相為目的之「偽儒」以及讀書懷行之「真儒」，從而對「偽儒」作出諷刺，並用以反映游俠之可取。第五段更把「游俠」稱為「布衣之俠」、「閭巷之俠」、「匹夫之俠」等，並明確指出其所謂「游俠」與「豪暴」有別，以突出游俠行事之宗旨。曾國藩《求闕齋讀書錄》云：「〈游俠列傳・序〉分三等人：術取卿相，功名俱著，一也；季次，原憲，獨行君子，二也；游俠，三也。於游俠中又分三等人：布衣閭巷之俠，一也；有士卿相之富，二也；暴豪恣欲之徒，三也。反側錯綜，語南意北，驟難覓其針線之跡。」[17] 正指出司馬遷如何巧妙地把人物分類，並由分類的層次顯示其深意。

3.〈游俠列傳〉材料安排之特點

篇章修辭講求文章中的材料安排詳略配合。而〈游俠列傳〉在材料安排上亦長略得宜。由於「儒、墨皆排擯不載」，秦以前有關游俠之資料極為貧乏，故此司馬遷以自己的見聞敘述游俠之行事，傳中云：「以余所聞，漢興有朱家、田仲、王公、劇孟、郭解之徒，雖時扞當世之文罔，然其私義廉絜退讓，有足稱者。」在這些人物中，司馬遷記述郭解的事跡最為詳盡，乃因郭解為「善相人者許負外孫」，與司馬遷同時，傳中亦言「吾視郭

17 轉引自楊燕起等：《史記集評》（北京：華文出版社，2005 年），收入《史記研究集成》第 6 卷，頁 594。

解，狀貌不及中人，言語不足採者」，反映司馬遷能親見其人其事。清人牛運震《史記評注》亦言：「傳郭解獨詳，太史公蓋目睹其人而言之津津，尤有感概。」[18] 又李景星《史記評議》曰：「所舉游俠之徒，有朱家、田仲、王公、劇孟、郭解諸人，而敍郭解獨詳者，以史公親見其人，深悲其死之寃，故言之津津，不勝感慨。」[19] 可見由於資料較豐，故〈游俠列傳〉中以描寫郭解的事跡最詳。

而對於行事不符游俠之徒，司馬遷則多用簡筆略述，如第八段：「是時濟南瞯氏、陳周庸亦以豪聞，景帝聞之，使使盡誅此屬。其後代諸白、梁韓無辟、陽翟薛兄、陜韓孺紛紛復出焉。」又第十五段：「自是之後，為俠者極眾，敖而無足數者。然關中長安樊仲子，槐里趙王孫，長陵高公子，西河郭公仲，太原鹵公孺，臨淮兒長卿，東陽田君孺，雖為俠而逡逡有退讓君子之風。」因為這些人行事未有可取之處，故史遷只稍敍及其籍貫、姓名，此亦可反映〈游俠列傳〉安排材料詳略有致。

4.〈游俠列傳〉中的「過渡段落」

過渡段落的作用在於，若文章中出現轉折，可透過過渡段落連貫上下文，使段落互相銜接，避免文章內容變得突兀。[20] 在〈游俠列傳〉中主要有兩個過渡段落，如第八段（其文見上段）前文由高祖時之朱家開始記敍，後至田仲、劇孟等人，及景帝時由

18 牛運震：《史記評註》，頁 878。

19 轉引自韓兆琦：《史記箋證》，第九冊，頁 6123。

20 可參考張志公：《現代漢語》，頁 91-92。

於無足稱之游俠，史遷以此簡筆作過渡，以銜接下文對武帝時期郭解之描述，故有承上啟下之作用。

又第十五段（其文見上段）總結郭解之後游俠的概況，其中突出游俠與豪暴之差異，既承接開首之議論，並開啟下文「太史公曰」對郭解之評論，亦令文章自然過渡。以上可見，〈游俠列傳〉的「過渡」技巧亦甚得宜。

5.〈游俠列傳〉的照應技巧

（1）在行文中前後照應

在《史記》中，不少篇章都講求前後照應，使上下文更為連貫，有時文中更留下線索，以顯示司馬遷之深意。王治皞《史記榷參・讀史總論》云：「太史公文雖變幻，卻將一二字句作眼，領清竅，客意旁入而不離其宗。」[21] 簡言之，史遷極重篇內「照應」技巧，以〈酷吏列傳〉為例，其中記述酷吏之深文，不少段落皆以「上以為能」四字作呼應，從而貫串全文，如記趙禹「上以為能，至太中大夫」，記張湯「於是上以為能，稍遷至太中大夫」，記義縱「以捕案太后外孫成君子仲，上以為能，遷為河內都尉」，記尹齊「上以為能，遷為中尉，吏民益凋敝」，可見「上以為能」四字，除了聯繫上下文外，史遷亦以此諷刺武帝信用酷吏，令朝政更為敗壞。

上文已言〈游俠列傳〉以「儒」、「俠」兩字作篇眼，呼應全文，文中又在記述游俠事跡時，不忘照應游俠與暴豪之差異。然除了以上兩點外，篇中亦有其他的照應技巧，如篇中敘述郭解行

---

21 轉引自楊燕起等：《史記集評》，頁176。

事時，常以「少年」對郭解之反應及人為郭解報仇兩點來貫串郭解由盛而亡的經過，在第九段云：「少年慕其行，亦輒為報仇，不使知也。」其後不少段落都呼應此點：第十段記郭解助箕倨者脫踐更後云「少年聞之，愈益慕解之行」；又第十二段敍郭解到旁郡國協助各方解決事件，段末言「邑中少年及旁近縣賢豪，夜半過門常十餘車，請得解客舍養之」；後第十四段記有人為郭解報仇而殺楊季主及其家人，然「殺者亦竟絕，莫知為誰」，即呼應上文「亦輒為報仇，不使知也」之文字，可知郭解本來無罪，最後卻因其他人為之報仇而被族。由此可見，篇中描寫郭解的部分是以「少年慕其行」及「報仇」作為照應之線索，從而貫串上下文，組織非常嚴密，而此兩條線索亦顯示出郭解與其他游俠行事之差異，反映不同游俠各自的特點。

(2) 內容與題目相呼應

篇章修辭亦重內容與題目之呼應。俞樟華指出《史記》篇章之定名每有深意，常與內容遙相照應，[22] 以示史遷對歷史的褒貶，〈游俠列傳〉亦然。〈太史公自序〉云：「救人於戹，振人不贍，仁者有乎；不既信，不倍言，義者有取焉。作〈游俠列傳〉第六十四。」可見本篇題為〈游俠列傳〉為史遷所定。〈游俠列傳〉首段已開門見山地點出司馬遷對游俠之看法，其云：「今游俠，其行雖不軌於正義，然其言必信，其行必果，已諾必誠，不愛其軀，赴士之阨困，既已存亡死生矣，而不矜其能，羞伐其德，蓋

---

22 可參考俞樟華：《史記藝術論》（北京：華文出版社，2002 年），第三章〈史記的藝術結構〉，頁 99-106。

亦有足多者焉。」可見史遷以為游俠行信言果，不誇己功，其行事有可取之處。而篇中根據此一定義，介紹了高祖至武帝時期的游俠，以把游俠與暴徒清楚區分，可見本篇題目與內容極為呼應，反映史遷立此傳的目的是為了對游俠作出客觀而合理的評價。

三、結語

本文可總結為以下三點：

一、據本文分析，〈游俠列傳〉無論在篇章結構、篇與段之組織、篇內呼應、材料安排及過渡技巧等方面都處理得宜，組織極為嚴密，反映該篇具有極高的「篇章修辭」技巧，實為一篇瞭解古代「篇章修辭」極佳的教材。

二、現時篇章修辭學重於現代漢語篇章之分析，而忽略探討古漢語篇章，故此本文嘗試利用現代篇章修辭學理論作參照，結合前人的古文評點，以全面分析〈游俠列傳〉在組織及照應等方面之特點，為探討如何利用篇章修辭理論以解讀古代文章作出嘗試。本文認為如教授「修辭學」時能結合中國古今作品的「篇章修辭」技巧作一縱向論述，當有助同學進一步瞭解「篇章修辭」古今之發展，而「篇章修辭」的「修辭史」研究亦有望深化。

三、由於香港學生較少接觸古代漢語，為了指導他們理解古代篇章結構之精妙，本文認為可借助現代篇章修辭學理論及術語來輔助古代漢語篇章的教學。而上文從篇章修辭學觀點出發，全面闡釋〈游俠列傳〉各種篇與段之組織，此或有助消除學生閱讀古文及前人評語之障礙，並從而瞭解評鑑古文之方法，以提升他們閱讀古文及寫作文章之技巧。由此而觀，「篇章修辭」理論在古漢語教學中有一定作用，可多加運用於實際教學中。

＊ 本文曾發表於英國漢語教學研究會編 *Applied Chinese Language Studies VI*，2015 年，頁 98-107。

魏晉玄學與《劉子》「儒道互補」思想研究

一、前言

儒、道兩家思想雖有相反之處，然而不少學者認為兩者存在互補關係，如李澤厚《美的歷程》認為以莊子為代表的道家是儒家的對立和補充，故儒、道兩家思想其實是相互補充與協調。而蔡忠道《魏晉儒道互補之研究》則從「自然與名教」、「聖人論」、「樂論」三方面探討魏晉玄學中「儒道互補」的內涵。另外，白奚〈老子思想與「儒道互補」〉亦曾討論先秦儒、道學說互補之機制及其發展形態。[1] 可見前輩學者對於「儒道互補」的研究，創獲甚豐。然而三家所論均未有注意由先秦開始，《呂氏春秋》已經以「雜家」形式協調儒道思想而產生「儒道互補」的學說體系，其後漢初的《淮南子》亦然，[2] 反映有關「儒道互補」的研究仍有

---

1 李澤厚：《美的歷程》（桂林：廣西師範大學，2001年），頁70-71；蔡忠道《魏晉儒道互補之研究》（臺北：文津出版社，2000年）。以上研究概況可參考蔡忠道：《魏晉儒道互補之研究》（臺北：文津出版社，2000年），頁2-14。白奚：〈老子思想與「儒道互補」〉，載白奚：《先秦哲學沉思錄》（北京：中國社會科學出版社，2007年），頁93-102。

2 可參考傅武光：《呂氏春秋與諸子之關係》（臺南：私立東吳大學中國學術著作獎助委員會，1993年）。另外，關於《淮南子》儒道互補的關係可參考陳麗桂：《從〈繆稱〉的情、誠動化看〈淮南子〉的儒道融合》，《淮南子研究》2009年第3卷，頁74-83。本文認為《劉子》承繼了《呂氏春秋》、《淮南子》的傳統，為魏晉「雜家」的代表作，至於《淮南子》與《劉子》之關係，可參考拙作：《〈淮南子〉、〈劉子〉學說比義研究》，《淮南子研究》2009年第3卷，頁157-167。

待學者發明。

《劉子》以「雜家」形式融合先秦兩漢諸子學說，其中儒、道兩家為其學說體系的中心，因而《劉子》亦曾整合儒道思想，如其〈九流篇〉就明確提出「儒道互補」的主張，故此學者普遍認為《劉子》有「儒道互補」的傾向，[3]然而鮮有把《劉子》這種「儒道互補」的特點放入魏晉玄學的討論中。其實《劉子》此互補方式與魏晉玄學既相關，當中又有不少差異，實需進一步研究。本文認為若能將《劉子》對儒、道的態度與魏晉時期融合儒、道的內容相互參照，實為觀察《劉子》在魏晉思想史之定位的一個重要角度，並能進一步瞭解《劉子》與魏晉玄學之異同。[4]故此，本文擬透過比較《劉子》與魏晉玄學中「儒道互補」的學說，指出《劉子》學說組織在魏晉思想史中的特點，以略補前人研究之未足。

二、魏晉玄學與《劉子》融合儒、道學說之關係

「儒道互補」是魏晉玄學中的一個主要論題，而融合儒道的途徑反映在魏晉學者溝通儒道兩家文獻上，其中魏晉玄學家多以《老》、《莊》、《易》所謂「三玄」為其清談的內容，又以《周易》與《老子》的思想作為清談的議題，發揮《易》、《老》互通的義

---

3 可詳參：程天祜：《〈劉子〉作者辯》，《吉林大學社會科學學報》1986年第6期，頁87；陳志平：《劉子研究》（吉林：吉林人民出版社，2008年），頁248。

4 不少學者已注意到玄學對子學的影響，並比較玄學與子學的異同，以顯示玄學與子學之關係，如李宗定：〈葛洪〈抱朴子內篇〉與魏晉玄學——「神仙是否可學致」與「聖人是否可學致」的受命觀〉，《臺北大學中文學報》2008年第4期，頁165-192。

理，從而融合儒道兩家的學說，[5] 此對《劉子》並引儒道文獻以闡釋其說或有影響。

早在西漢末年學者已有融合儒道典籍的傾向，如嚴君平的《道德指歸》曾融合《易》、《老》的思想。而在魏晉時期，能否善談《易》、《老》已成為品評人物的準則，如《世說新語・文學篇》注引《續晉陽秋》云：「正始中，王弼、何晏好莊、老玄勝之談，而世遂貴焉。」[6] 除王、何二人外，夏侯玄、鍾會、荀融等亦兼善《易》、《老》，可知魏晉士人多兼通《老》、《易》、《莊》等儒、道經典，形成溝通儒道義理的學術風氣。而王弼注《易》，其特點即為「以《老》解《易》」，以《老子》守柔虛靜的思想發揮《周易》中涉及虛無柔弱的卦象，如用《老子》之「守柔」注釋〈中孚〉之卦象。[7] 可見何、王兩人透過注釋經典以糅合儒道思想。

班固《漢書・藝文志》評道家云：「道家者流，蓋出於史官，歷記成敗存亡禍福古今之道，然後知秉要執本，清虛以自守，卑弱以自持，此君人南面之術也。合於堯之克攘，易之嗛嗛，一謙而四益，此其所長也。及放者為之，則欲絕去禮學，兼棄仁義，曰獨任清虛可以為治。」[8]《漢志》以儒家立場對道家作出述評，其中認為道家守柔致虛之術合於「堯之克攘，易之嗛嗛，一謙而四益」，則以為《老子》謙下守柔的思想比合易之《謙》卦，可見《漢志》亦認為道家與儒家自有相通之處。綜觀《劉子》一書亦有

---

5 例子參考自許抗生：《魏晉玄學史》（陝西：陝西師範大學出版社，1989 年），頁 43。

6 余嘉錫：《世說新語箋疏》（北京：中華書局，1983 年），頁 262。

7 以上例子參考自許抗生：《魏晉玄學史》，頁 91。

8 班固：《漢書》（北京：中華書局，1962 年），頁 1732。

並引儒、道兩家文獻以闡釋其理，反映《劉子》認為儒、道兩家並非矛盾，而是能夠互相發揮的。如《劉子・明謙篇》闡釋《老子》謙卑處下的思想，其云：「天道下濟而光明，江湖善下而為王。故山在地中成謙，王侯以孤寡為損。謙則榮而逾高，損則顯而彌貴。高必以下為基，貴則以賤為本。在貴而忘貴，故能以貴下民；處高而遺高，故能以高就卑。是以大壯往則復，天地之謙也；極昇必降，陰陽之謙也；滿終則虧，日月之謙也；道盈體沖，聖人之謙也。」[9] 可見《劉子》認為人應謙卑而不自伐，且須體察物盛而衰的道理才可自全。在論述「謙下」之旨時，《劉子》除了引用《老子》外，亦借《周易・謙卦》以引證其說，如上引「高必以下為基，貴則以賤為本」乃用《老子・第三十九章》。而下文云：「《易》稱：『謙尊而彌光。』《老子》云：『不伐故有功。』謙者在於降己，以高從卑，以聖從鄙。不伐在於有功不矜，有德不言，歸於沖退，謙挹之流也。」[10] 並引《易・謙・彖》「謙尊而光」及《老子・二十二章》「不自伐，故有功」之文，反映《劉子》認為《周易・謙卦》與《老子》謙下的思想能夠互相發明，故兼用兩文以闡釋其理。

而《劉子・誡盈篇》論述物盛而衰的道理，其云：「日中則昃，月盈則虧，此天之常道也。」[11] 亦本於《老子》。[12] 然此篇亦曾引用《周易》之文，如云：「故雷在天上曰大壯，山在地中曰

---

9 傅亞庶：《劉子校釋》，中華書局，1998 年，頁 354。引文並參考陳應鸞：《增訂劉子校注》，巴蜀書社，2008 年。

10 傅亞庶：《劉子校釋》，頁 354。

11 傅亞庶：《劉子校釋》，頁 346。

12 可參考陳鼓應《老莊新論》，中華書局，1991 年，頁 277 至 291。

謙。謙則哀多益寡，壯則非禮勿履。處壯而能用禮，居謙而能益寡。」[13]《劉子》引用《周易・大壯》及《謙》卦以發揮誡盈之旨，與上述《漢志》認為道家「合於堯之克攘，易之嗛嗛」的見解一致。西晉裴頠〈崇有論〉亦云：「老子既著五千之文，表摭穢雜之弊，甄舉靜一之義，有以令人釋然自夷，合於易之損、謙、艮、節之旨。而靜一守本，無虛無之謂也；損艮之屬，蓋君子之一道，非易之所以為體守本無也。」[14] 則魏晉學者普遍認為《周易》與《老子》是相通的，故《劉子》對《易》、《老》的理解實有其淵源。另外，《劉子》並用儒、道文獻亦見於〈貪愛篇〉。〈貪愛篇〉主要論述貪利害己之理，其總結云：「是以達人睹禍福之機，鑒成敗之原，不以苟得自傷，不以過吝自害。《老子》云：『多藏必厚忘。』《禮》云：『積而能散。』皆明止足之分，祛貪吝之萌也。」[15] 並引《老子・四十四章》及《禮記・曲禮上》之文以明知足能分之旨。《禮記》為儒家文獻，《劉子》整合《禮記》及《老子》，則顯示《劉子》認為儒、道兩派文獻實有其會通之處。

從上可見，《劉子》並引儒、道兩家文獻以論述其說，藉以溝通儒、道的思想，與上述魏晉玄學家透過注釋經典以會通儒道的方式雖不相同，然其整合儒、道的旨趣則一，或可反映《劉子》融合儒道的傾向除了承繼「雜家」兼取眾長的傳統外，亦曾受到魏晉玄學的思潮影響，因而《劉子》亦以並引儒、道文獻為手段，發明儒道共通之理。

---

13 傅亞庶：《劉子校釋》，頁 346。

14 房玄齡等：《晉書》(北京：中華書局，1974 年)，頁 1045。

15 傅亞庶：《劉子校釋》，頁 466。

三、魏晉玄學與《劉子》「儒道互補」的學說組織

魏晉玄學的核心論題是如何調節自然與名教，在調節的過程中，就產生對儒、道兩家學說的整合，形成不同的學說結構，此或影響《劉子》對儒、道學說的態度及其取捨。

余敦康《魏晉玄學史》曾為「自然」與「名教」下定義，其曰：「所謂名教，它的確切含義並不是指的儒家思想，也不是指某個政治集團所推行的方針國策，而是指由長期的歷史發展所形成的一套完整的封建宗法等級制度。……所謂自然，它的確切含義並不是指道家思想，也不是指茫茫無垠的自然界本身，而是指支配着自然界的那種和諧的規律。」[16] 而名教與自然，由先秦時期開始即為儒、道兩家學說的核心。大體而言，儒家主名教，而道家重自然。至魏晉時期，玄學家就為了溝通名教與自然作出了詳細的討論。概而論之，魏晉玄學主要經歷正始、竹林、元康、東晉四個時期，[17] 其間對於名教與自然之關係形成了不同的說法。

正始時期，王弼提出「崇本息末」的主張以詮釋《老子》的思想，《老子指略》云：「《老子》之書，其幾乎可一言而蔽之。噫！崇本息末而已矣。……故見素樸以絕聖智，寡私欲以棄巧利，皆崇本以息末之謂也。」[18] 可知王弼所謂「崇本」，就是學習道家之絕棄智欲；而所謂「息末」，則是反對所有求名虛偽的行為。若

16 余敦康：《魏晉玄學史》（北京：北京大學出版社，2004 年），頁 99。

17 可參考湯一介：《郭象與魏晉玄學》（武漢：湖北人民出版社，1983 年），頁 38-88。

18 樓宇烈：《王弼集校釋》（北京：北京大學出版社，1980 年），頁 198。

將「崇本息末」的原則運用在「自然與名教」上，則自然為體、為本，而名教為用、為末，乃以老子自然無為之道，一反虛偽無實之名教，反映王弼以道為體，以儒為用之思想。[19]

王弼之後，政治環境更為黑暗，玄學家在「竹林」時期主要以道家之自然全面反對名教，如阮籍〈大人先生傳〉認為儒家六經不能反映大道，而只是偏執的曲說，因而由六經而來的禮法，更是束縛民心的工具，對自然、人性均有很大的傷害，因而極力貶抑儒家所提倡之名教。而嵇康更有「越名教而任自然」的主張，其〈難自然好學論〉對名教提出強烈的批評，認為上古至德之世不用名教，沒有外在的禮法規範，卻能使萬物理順，然而後世之儒家禮教卻只會抑壓人性。另一方面，亦有學者鑑於阮、嵇等反禮教而使西晉時期社會風氣敗壞的情形，提出維護禮教的主張，如裴頠〈崇有論〉肯定老子思想能夠挽救時弊，但他認為「無」不能生「有」，並進一步強調禮法的正當性，認為人君應該以身作則，重視教化，使人民各有所安，並以刑政節制欲念，強

---

19 雖然王弼在《老子指略》提出「崇本息末」的主張，然而余敦康《魏晉玄學史》認為王弼的中心思想是在《周易注》中建立以名教為中心的社會整體觀，與其《老子注》形成互補關係，且認為王弼把《周易注》的地位置於《老子注》之上，可見王弼非常重視名教，如《益卦・九五》:「有孚惠心，勿問元吉。有孚，惠我德。」王弼云:「得位履尊，為益之主者也。為益之大，莫大於信。為惠之大，莫大於心。因民所利而利之焉，惠而不費，惠心者也。信以惠心，盡物之願，固不待問而元吉。以誠惠物，物亦應之，故曰『有孚，惠我德』也。」其思想淵源於儒家的德治思想。而王弼在《老子・二十八章注》云:「樸，真也。真散則百行出，殊類生，若器也。聖人因其分散，故為之立官長。以善為師，不善為資，移風易俗，復使歸於一也。」認為聖人順應自然而設立的官長制度，是一種倫理教化的工具，能移風易俗。詳參余敦康:《魏晉玄學史》，頁 201-281。

烈反對「貴無」思想。

其後西晉的郭象企圖消解自然與名教的矛盾，指出「自然」與「名教」並非對立，其《齊物論注》云：「臣妾之才，而不安臣妾之任，則失矣。故知君臣上下，手足外內，乃天理自然，豈真人之所為哉。」[20] 可見郭象把「任自然」解釋為不同階層的人安於己分，貴賤各當，將君臣上下之分亦看成「自然」的一部分。而郭象不同意竹林元康名士絕棄仁義的觀點，如《駢拇注》云：「恐仁義非人情而憂之者，真可謂多憂也。」[21] 又《天運注》云：「夫仁義者，人之性也。」[22] 把儒家的仁義道德納入道家「自然」之中，並將仁義等德行看成人生而有的本性。[23] 及至東晉，張湛《列子注》更有反名教的主張，認為人生短暫，應因任性情而活，盡情享受，而不受仁義禮教所束縛。以上可見，在魏晉時期，名教與自然不斷發生衝突與融合，展現出儒道互補的精神。

承接魏晉，成於北齊的《劉子》亦以「儒道互補」的方式，形成其思想體系。[24]《劉子・九流篇》云：「觀此九家之學，雖旨有深淺，辭有詳略，偕儞形反，流分乖隔，然皆同其妙理，俱會

---

20 郭慶藩：《莊子集釋》，（北京：中華書局，1961 年）頁 58。

21 郭慶藩：《莊子集釋》，頁 318。

22 郭慶藩：《莊子集釋》，頁 519。

23 例子參考自許抗生：《魏晉玄學史》，頁 388-390。

24 呂思勉《兩晉南北朝史》認為玄學之影響遍及南北朝，其云：「東渡已後，流風未沬。帝王、貴戚、大臣、文吏、武夫、儒生、文人、藝士、婦女，無不能之。餘風又流衍於北，入隋乃息。」可見玄學對南北朝影響之大，如北齊盧潛、北周長孫覽、盧光等皆為北朝中好玄學之士，本文認為《劉子》成於北齊的劉晝，故其思想亦當受到玄學的影響。詳見呂思勉：《兩晉南北朝史》（上海：上海古籍出版社，2005 年），頁 1238-1240。

治道，跡雖有殊，歸趣無異。猶五行相滅亦還相生，四氣相反而共成歲，淄、澠殊源同歸於海，宮商異聲俱會於樂。夷、惠異操，齊蹤為賢；三子殊行，等跡為仁。」[25] 可見《劉子》認為九流之學旨趣相同，皆有助於治道。《劉子》吸收並發展儒、道、墨、法等九流十家的思想，形成其「雜家」的結構。而在整合諸子的過程中，《劉子》有其嚴格的取捨，其中以儒、道兩家為中心，吸取九流不同的學說，而捨棄諸子之間矛盾的地方，故〈九流〉云：「道者，玄化為本；儒者，德教為宗。九流之中，二化為最。」可見在九流之中，《劉子》最為推崇儒、道兩家，而其學說主張亦主要由儒、道兩家構成。

如上所言，儒道兼綜，以道為體是魏晉玄學的一個重要的思想特點，《劉子》或受到這種思潮影響，故亦以道家為宗。王弼等「貴無派」玄學，把儒、道關係視作本末體用的關係，以道為本，以儒為末，主張以本統末，如王弼《老子・三十八章注》云：「用夫無名，故名以篤焉；用夫無形，故形以成焉。守母以存其子，崇本以舉其末，則形名俱有而邪不生，大美配天而華不作，故母不可遠，本不可失。」[26] 所謂「無名」、「無形」即指道之特點，而所謂「名」與「形」，即指外在事物，其中包括儒家名教的學說，反映王弼認為有形有象的物體皆從「無」而生，故此只有保守此「無形」之母才能存有此「有形」之子，即崇其本才能舉其末，「用夫無形，故形以成」，[27] 因而儒教名教之治亦以道家無

25　傅亞庶：《劉子校釋》，頁 521。
26　樓宇烈：《王弼集校釋》，頁 95。
27　參考自湯一介：《郭象與魏晉玄學》，頁 45-51。

為之道為本。而《劉子》對道之描寫乃取諸道家，反映《劉子》亦以道為本，與王弼等主張相似，如〈崇學〉云：「至道無言，非立言無以明其理；大象無形，非立形無以測其奧。道象之妙，非言不傳；傳言之妙，非學不精。」[28] 可知《劉子》認為大道無言無形，與《老子》相應。而〈妄瑕〉云：「大道混然無形，寂然無聲。視之不見，聽之不聞。非可以影響求，不得以毀譽稱也。」[29] 則指出了道無形、不可聞見之特點。當然，《劉子》認為道「非立言無以明其理」、「非立形無以測其奧」，與《老》、《莊》之道論亦有差異，如《莊子・知北遊》云：「道不可聞，聞而非也；道不可見，見而非也；道不可言，言而非也。知形形之不形乎！道不當名。」[30] 認為道不可言、不可形，而《劉子》雖亦云「道」無言、無形之特點，然而卻亦指出道可靠言、形傳達，以帶出崇學的主旨，這是《劉子》與先秦道家相異之處。

《劉子》對道有此認識或是受到魏晉學者的影響，魏晉時期玄學家經常討論「言意之辯」，其中一派認為言可盡意，如歐陽建〈言盡意論〉云：「誠以理得於心，非言不暢；物定於彼，非言不辯。言不暢志，則無以相接；名不辯物，則鑒識不顯。……欲辯其實，則殊其名；欲宣其志，則立其稱。」[31] 則歐陽建認為人必須通過言、名才能宣志、辯物。而王弼〈周易略例〉云：「夫象者，出意者也。言者，明象者也。盡意莫若象，盡象莫若言。

28 傅亞庶：《劉子校釋》，頁 36。

29 傅亞庶：《劉子校釋》，頁 259。

30 王叔岷：《莊子校詮》(臺北：中央研究院歷史語言研究所，1988 年)，頁 837。

31 歐陽詢：《藝文類聚》(上海：上海古籍出版社，1982 年)，頁 348。

言生於象，故可尋言以觀象。象生於意，故可尋象以觀意。意以象盡，象以言著。……是故，存言者，非得象者也。存象者，非得意者也。象生於意而存象焉，則所存者乃非其象也。言生於象而存言焉，則所存者乃非其言也。然則，忘象者，乃得意者也；忘言者，乃得象者也。得意在忘象，得象在忘言。故立象以盡意，而象可忘也。重畫以盡情，而畫可忘也。」[32] 可見王氏雖主張得意忘言，但其中必須經過名、言以「辯名析理」，才可理解道的特點。故此，《劉子》之道論取諸道家，以道為體，而認為可以透過言、象明道，則承魏晉玄學思想而來。

《劉子》雖以道為宗，但並不反對儒家之禮教，〈九流篇〉云：「夫道以無為化世，儒以六藝濟俗。無為以清虛為心，六藝以禮教為訓。若以禮教行於大同，則邪偽萌生；使無為化於成、康，則氛亂競起。何者？澆淳時異則風化應殊，古今乖舛則政教宜隔。以此觀之，儒教雖非得真之說，然茲教可以導物；道家雖為達情之論，而違禮復不可以救弊。今治世之賢，宜以禮教為先；嘉遁之士，應以無為是務，則操業俱遂而身名兩全也。」[33] 可知《劉子》並無反名教之主張，認為現世與上古形勢不同，不能純以無為治世，而應以儒家之禮教化民，提出因應時世而採取不同的措施。所謂「儒教雖非得真之說，然茲教可以導物；道家雖為達情之論，而違禮復不可以救弊」，亦是承繼魏晉玄學以道為本的觀點，如嵇康〈難自然好學論〉云：「然則自然之得，不由抑引之六經；全性之本，不須犯情之禮律。故仁義務於理偽，非

32　樓宇烈：《王弼集校釋》，頁 609。

33　傅亞庶：《劉子校釋》，頁 521-522。

養真之要術；廉讓生於爭奪，非自然之所出也。由是言之：則鳥不毀以求馴，獸不群而求畜；則人之真性無為，正當自然躭此禮學矣。」指出儒家之仁義禮教非「養真之要術」，即認為名教不能全性保真，因而嵇氏提出絕棄禮教仁義的主張。而《劉子》亦言儒家為「非得真之說」，而道家為「達情之論」，即指出儒家禮教之作用不在保全真性之中，唯道家能之，然而《劉子》未有如嵇氏般全棄名教，反而肯定儒家思想對治國之作用，故「非得真之說」雖以道家為宗，並無否定儒家之意，只是指出儒學之旨不在保存性命之真。而《劉子》謂道家為「達情之論」，但「違禮復不可以救弊」，可能反映《劉子》鑑於西晉元康放達派、東晉玄風等委靡不振的學風，當時士子以道家之自然全然反對儒家之禮教，對社會的發展並無任何好處，故《劉子》希望在吸收道家全性思想的同時，亦以儒家的內涵挽救時弊。

以上可見，《劉子》對儒、道兩家的態度與王弼「崇本舉末」的思想相似，其本末關係反映在修身與治國上。修身全性就個體來說最為關鍵，因而可看成「本」，故《劉子》既取道家之說為「體」，又以〈清神〉等篇為首；而治國化民實由修身為基礎而逐步發展，相較全性修養而言則可看成「末」、「用」，故《劉子》論治國之篇列於修身之後。但《劉子》並無王弼以自然調節名教的主張，亦無以「體」御「用」，而是並重儒、道，且作出鮮明的分工，顯示《劉子》承繼魏晉玄學的思潮而有所不同。

而《劉子》提出「儒道互補」的看法，其具體內容為：在〈清神〉、〈防欲〉、〈去情〉等篇取用道家全性保真之說，以補儒家學說在修身方面的不足；而在〈崇學〉、〈履信〉、〈思順〉、〈慎獨〉等篇吸收儒家仁義信讓的德行，與上述郭象吸納儒家的仁義道德於道家「自然」之中，並將仁義等德行看成人生而有的本性相類[34]；且在〈愛民〉、〈從化〉等篇採用儒家治民的政策，則彌補道家的治國思想。而《劉子》在吸納儒、道思想的同時，又把兩派矛盾的主張刪去，如道家之絕棄仁義、反對學習等思想與儒家相阻，《劉子》均棄而不採，形成兼有儒、道之長，而無兩家之短的體系。如〈九流篇〉評儒家之缺點云：「然而薄者，流廣文繁，難可窮究也。」[35]則《劉子》認為儒家之弊雖在於文繁，但肯定其六藝、禮樂之教化作用，故《劉子》只取儒家禮教實用易行之部分，而捨棄其繁複不知變通之地方，如〈隨時篇〉曰：「故《易》貴隨時，《禮》尚從俗，適時而行也。」[36]〈法術篇〉云：「賢者更禮，不肖者拘焉。拘禮之人，不足以言事。」[37]可見《劉子》一方面取道家全性之說，捨棄其中反仁義、反學、反禮之部分，另一方面則吸收儒家「仁義」、「重學」、「重禮」之說，以宣揚行善之要，以補救道家之缺失，形成「儒道互補」的結構。這種「儒道互補」的學說，既不同於王弼把儒家之名教統攝於道家之自然中，亦不同於阮、嵇、張湛等人純以自然反對名教，又與郭象把

---

34 綜觀《劉子》全書，有不少地方都有吸收儒家的德行，如〈思順〉云：「夫為人失，失在於逆。故七緯逆則天象變，五性逆則人行敗。變而不生災，敗而不傷行者，未之有也。」《劉子》指出人應順性而行，其所謂「性」就是「忠孝仁義」，故其云：「故忠孝仁義，德之順也；悖傲無禮，德之逆也。順者福之門，逆者禍之府。由是觀之，逆性之難，順性之易，斷可識矣。」後文又言：「君子如能忠孝仁義，履信思順，自天祐之，吉無不利也。」可見《劉子》此處認為「忠孝仁義」等是人天生的本性，而實踐仁義忠孝是順性而行的表現，但《劉子》與郭象不同之處在於《劉子》並沒有把禮教視為自然。

35 傅亞庶：《劉子校釋》，頁 520。

36 傅亞庶：《劉子校釋》，頁 433。

37 傅亞庶：《劉子校釋》，頁 142。

名教看成自然之一體相異，反映《劉子》以「雜家」形式建立其「儒道互補」的組織，並非旨在探討自然與名教的關係，而是對儒、道思想進行適當的分工，取長補短，在魏晉學術中確有其自身的特點。

四、《抱朴子》與《劉子》融會儒、道兩家學說之異同

許抗生《魏晉玄學史》指出東晉葛洪的《抱朴子》提出道本儒末的主張，就是承續王弼等本末之辯而來的，[38] 反映魏晉玄學與子學發展關係密切，故此要深入瞭解《劉子》儒道互補思想之特點，或可借助《抱朴子》作一參照。在《劉子》中曾引用《抱朴子》的文字，[39] 而上述《劉子》對儒、道兩家的看法亦與《抱朴子》相類，若細緻分析兩書學說之異同，或可顯示《劉子》這種「儒道互補」的結構如何承續魏晉玄學思潮而產生。

《抱朴子》分成〈內〉、〈外〉兩篇，〈內篇〉言道家修身神仙黃白之事，〈外篇〉則泛論儒家治國化民之旨。在儒、道關係上，《抱朴子》提出了「道者，儒之本」，「儒者，道之末」的思想，認為兩者實為一體兩面，希望藉以協調儒、道，其〈明本〉篇云：

---

38 許抗生：《魏晉玄學史》，頁 502。

39 如《劉子・從化篇》：「水性宜冷，而有華陽溫泉，猶曰水冷，冷者多也。火性宜熱，而有蕭丘寒炎，猶曰火熱，熱者多也。」此語見於《抱朴子內篇・論仙》：「水性純冷，而有溫谷之湯泉，火體宜熾，而有蕭丘之寒焰。」又如《劉子・殊好篇》：「魏文侯好搥鑿之聲，不貴金石之和。」本於《抱朴子・辯問篇》：「而魏明好椎鑿之聲，不以易絲竹之和音。」可見《劉子》多用《抱朴子》之文。

「或問儒道之先後。抱朴子答曰：『道者，儒之本也；儒者，道之末也。先以為陰陽之術，眾於忌諱，使人拘畏；而儒者博而寡要，勞而少功；墨者儉而難遵，不可遍循；法者嚴而少恩，傷破仁義。唯道家之教，使人精神專一，動合無形，包儒墨之善，總名法之要，與時遷移，應物變化，指約而易明，事少而功多，務在全大宗之樸，守真正之源者也。』」[40] 葛洪的見解與司馬談〈論六家要旨〉一致，以為諸子百家均有不足，唯獨道家最為簡易，凡儒墨名法家之學均在其中，而部分文句更直採〈要旨〉，可見葛洪明顯以道為本，這種結構與《劉子》取道家之道論為體旨趣相同，反映兩書皆以道家為宗。[41]

而如上所言，《劉子》在修身治國的關係上有道本儒末的主張，而《抱朴子》亦然，如〈塞難卷〉云：「道者，萬殊之源也。儒者，大淳之流也。三皇以往，道治也。帝王以來，儒教也。談者咸知高世之敦朴，而薄季俗之澆散，何獨重仲尼而輕老氏乎？是玩華藻於木末，而不識所生之有本也。何異乎貴明珠而賤淵潭，愛和璧而惡荊山，不知淵潭者，明珠之所自出，荊山者，和璧之所由生也。且夫養性者，道之餘也；禮樂者，儒之末也。所以貴儒者，以其移風易俗，不唯揖讓與盤旋也。所以尊道者，以其不言而化行，匪獨養生之一事也。若儒道果有先後，則仲尼未可專信，而老氏未可孤用。」[42] 葛洪以淵潭、荊山、明珠、和璧為喻，指出儒家乃淵源自道家，並主張「道本儒末」。

---

40 王明：《抱朴子內篇校釋》（北京：中華書局，1985 年），頁 184。

41 可參考藍秀隆：《抱朴子研究》（臺北：文津出版社，1980 年），頁 63-65。

42 王明：《抱朴子內篇校釋》，頁 138。

然而，兩書雖提出道本儒末，但皆認為儒、道不可單行，如上引《抱朴子・塞難卷》就指出道家除修身之外，亦可化行，儒家之禮樂雖次於道家之說，然可移風俗，故兩者縱有先後之別，而亦不可單行，與《劉子・九流》云：「今治世之賢，宜以禮教為先；嘉遁之士，應以無為是務，則操業俱遂而身名兩全」相合，《劉子》亦認為儒道並行才可達到修身、治國兩存。

在道本儒末的主張下，兩書對儒家的批評亦有相似之處，如《抱朴子內篇・遐覽卷》云：「鄙人面牆，拘繫儒教，獨知有五經三史百氏之言，及浮華之詩賦，無益之短文，盡思守此，既有年矣。既生值多難之運，亂靡有定，干戈戚揚，藝文不貴，徒消工夫，苦意極思，攻微索隱，竟不能祿在其中，免此壟畝；又有損於精思，無益於年命，二毛告暮，素志衰頹，正欲反迷，以尋生道，倉卒罔極，無所趨向，若涉大川，不如攸濟。」[43] 指出儒學繁瑣，與上引《劉子》評儒家為「流廣文繁，難可窮究」一致。而《抱朴子》認為禮法的制定當尚簡去煩，〈省煩卷〉云：「自建安之後，魏之武、文，送終之制，務在儉薄，此則墨子之道，有可行矣。……夫約則易從，儉則用少；易從則不煩，用少則費薄；不煩，則涖事者無過矣；費薄，則調求者無苛矣。拜休揖讓之節，升降盤旋之容，使足敘事，無令小碎。條牒各別，令易案用。」[44] 指出一切禮儀皆應以約儉為務，企圖用墨子薄喪之說更改儒禮之繁重，[45] 又與《劉子》取禮教實用易行之部分相合。

---

43 王明：《抱朴子內篇校釋》，頁 331。

44 楊明照：《抱朴子外篇校箋》（北京：中華書局，1991 年），頁 83-91。

45 參考自林麗雪：《抱朴子內外篇思想析論》（臺北：臺灣學生書局，1980 年），頁 148。

另一方面，《抱朴子》亦強調禮教，希望藉以改變玄學家放誕之習，〈譏惑卷〉云：「蓋人之有禮，猶魚之有水矣。魚之失水，雖暫假息，然枯糜可必待也。人之棄禮，雖猶靦然，而禍敗之階也。」[46] 則與《劉子》評儒家為「非得真之説，然茲教可以導物」相同，認為當今之治不可無禮教，故又重視儒家禮教的主張。

另外，兩書皆重視儒家的政治作用，《抱朴子・明本篇》云：「故道之興也，則三五垂拱而有餘焉。道之衰也，則叔代馳騖而不足焉。……然後忠義制名於危國，孝子收譽於敗家。疾疫起而巫醫貴矣，道德喪而儒墨重矣。由此觀之，儒道之先後，可得定矣。」[47] 可見葛洪認為儒、墨兩家之道在道德衰亡後有補弊之用，而道家之説雖最為簡明，但當時社會動盪，根本不能實行，此又與《劉子》認為「道家雖為達情之論，而違禮復不可以救弊」之看法相同，主張因應時世而採禮教之治，可見兩者皆指出當今之世不可單靠道家化行之主張。且兩書皆有吸收儒家仁義之德行以補充道家修身之説，如葛洪在論述神仙黃白之學時，亦有吸收儒家之德行，〈對俗卷〉云：「按〈玉鈐經中篇〉云：立功為上，除過次之。為道者以救人危使免禍，護人疾病，令不枉死，為上功也。欲求仙者，要當以忠孝和順仁信為本。若德行不修，而但務方術，皆不得長生也。」[48] 葛洪指出為道者當以立功為先，而立功之本在於忠孝仁信，實乃儒家所提倡的德行。葛氏認為若積善不足，雖吐納服藥亦無益，則與《劉子》既取用道家修身之説，又吸納儒家仁義信讓的德行相類。

---

46 楊明照：《抱朴子外篇校箋》，下冊，頁 7。

47 王明：《抱朴子內篇校釋》，頁 186。

48 王明：《抱朴子內篇校釋》，頁 53。

總括而言，學者指出《抱朴子》對儒、道的看法，實受到玄學的影響，而從上文分析，可知《劉子》與《抱朴子》在學說組織以及對儒、道兩家之態度有很多相同的地方，或可反映兩書均是承接魏晉玄學儒道融合的思潮而形成其以道為宗、以儒為用的學說體系。

五、「出世與入世」——魏晉玄學與《劉子》中的儒道取向

學者對於《劉子》的討論尤集中於其作者問題，而鮮有把《劉子》的學說放進魏晉的時代背景之中，然本文認為《劉子》一書中的儒道取向與魏晉的政治環境以及魏晉士人矛盾的心態關係密切，若能結合《劉子》與當時玄學家的思想，或可進一步瞭解《劉子》內容上的編排。

出世與入世代表了儒道兩家不同的價值取向，一般而言，儒家的價值理想是積極用世的，而道家則偏重於全身退隱。至魏晉時期，由於政權更迭，統治者多殺戮異己，政治環境非常惡劣，以致名士常有出世與入世的疑惑。從建安中到正始年代，中原久經喪亂，不少名士都存有複雜的心理，一方面希望建功立業，名垂千古；一方面卻常慨嘆人生無常，如「正始」時期的何晏，雖有志於功名，但亦常心存畏懼，其〈擬古詩〉云：「雙鶴比翼遊，群飛戲太清。常恐天網羅，憂禍一旦並。豈若集五湖，順流椄浮萍。逍遙放志意，何為怵惕驚。」以比翼而遊的鴻鶴自喻，指出鴻鶴雖然立於高處，但仍恐觸犯網羅，認為順俗應世、逍遙過活較憂慮終日為優。而鑑於政治黑暗，不少名士都選擇了

歸隱的道路，如孫登藉退隱山林以保持自己的節操，遠離政治紛爭。總而言之，魏晉士人常有出仕或隱居的心理矛盾。[49]

其後由嘉平元年至甘露五年，曹氏與司馬氏因爭奪政權而互相傾軋，不少名士牽連其中，如何晏、夏侯玄、李豐、王廣等都先後被害，此對「竹林七賢」主張逍遙自樂、因任自然的思想有很大影響。以阮籍為例，少年時已熟讀儒家經典，有濟世志，欲留名後世，後來因社會動亂，才寄情於《老》、《莊》，《晉書・阮籍傳》云：「籍本有濟世志，屬魏晉之際，天下多故，名士少有全者，籍由是不與世事，遂酣飲為常。」[50]在〈大人先生傳〉中，阮籍所展示出心目中的聖人形象就具有道家的特點，完全超越世俗，不受束縛，其云：「夫大人者，乃與造物同體，天地並生，逍遙浮世，與道俱成，變化散聚，不常其形。」[51]要達至這種境界就必須擺脱禮教的虛偽，故其又云：「汝君子之禮法，誠天下殘賊、亂危、死亡之術耳；而乃目以為美行不易之道，不亦過乎！」[52]可見阮籍因當時政治環境黑暗，而否定虛偽的禮法，遂有由儒入道之轉向。不少名士，如嵇康等，內心都充滿疑惑，既想隱退，又欲建立功業，而這種矛盾都是源於出世與入世的困惑。[53]

李健中、高華平《玄學與魏晉社會》指出魏晉名士面對這種

49 以上例子參考自李健中、高華平：《玄學與魏晉社會》（石家莊：河北人民出版社，2003 年），頁 201-205。

50 房玄齡：《晉書・阮籍傳》，頁 1360。

51 陳伯君：《阮籍集校注》，頁 165。

52 陳伯君：《阮籍集校注》，頁 170。

53 此例參考自李健中、高華平：《玄學與魏晉社會》，頁 201-205。

出處、仕隱的矛盾，多標舉「聖人」、「神人」等理想人格以消解此一痛苦。[54] 如《三國志・魏書・曹爽傳》引《魏氏春秋》曰：「初，夏侯玄、何晏等名盛於時，司馬景王亦預焉。晏嘗曰：『唯深也，故能通天下之志，夏侯泰初是也；唯幾也，故能成天下之務，司馬子元是也；惟神也，不疾而速，不行而至，吾聞其語，未見其人。』蓋欲以神況諸己也。」可知何晏認為只有「神人」能無心於世事，而「成天下之務」，故無出世與入世之矛盾。而郭象《莊子・逍遙遊》注云：「夫聖人雖在廟堂之上，然其心無異於山林之中，世豈識之哉！徒見其戴黃屋，佩玉璽，便謂足以纓紱其心矣；見其歷山川，同民事，便謂足以憔悴其神矣；豈知至至者之不虧哉！」[55] 則可知郭象認為只要達到「聖人」的精神境界，既能身任治務，又能保持精神自足，不受世務所擾，完全消除出與處、仕與隱之間的衝突。[56]

承續魏晉黑暗的政治環境，在《劉子》中亦可看到「出世與入世」的「矛盾」。《劉子》的作者亦有建功立業、為民請命的抱負，在〈崇學〉、〈專務〉、〈愛民〉、〈慎獨〉、〈從化〉、〈風俗〉等篇均發揮儒家學說的積極性，提倡儒家德化之治以及修身向善的精神，如《劉子・愛民》云：「天生蒸民而樹之君。君者，民之天也。天之養物，以陰陽為本；君之化民，以政教為務。故寒暑不時則疾疫，風雨不節則歲饑。刑罰者，民之寒暑也；教令者，民之風雨也。刑罰不時則民傷，教令不節則俗弊。」[57] 可

54 李健中、高華平：《玄學與魏晉社會》，頁 206。

55 郭慶藩：《莊子集釋》，頁 28。

56 以上例子參考自李健中、高華平：《玄學與魏晉社會》，頁 206。

57 傅亞庶：《劉子校釋》，頁 122。

見《劉子》認為君主治民必須注意刑罰及教令，而推行刑罰教令就必須重視時節。而〈慎獨〉篇則旨在論述人於獨處之時亦須循禮守常，其云：「善者，行之總，不可斯須離也。若可離，則非善也。人之須善，猶首之須冠，足之待履。首不加冠，是越類也，行不躡履，是夷民也。今處顯而脩善，在隱而為非，是清旦冠履而昏夜裸跣也。」[58] 認為人之行善必須持久，亦在闡釋儒家行善之說，反映其「入世」的一面。

另一方面，《劉子・韜光》篇以莊子無用之用的思想，闡釋避禍存身之旨，其云：「物之寓世，未嘗不韜形滅影，隱質遐外，以全性棲命者也。夫含奇佩美，衒異露才者，未有不以此傷性毀命者也。是故翠以羽自殘，龜以智自害，丹以含色磨肌，石以抱玉碎質。此四者，生於異俗，與人非不隔也，託性於山林，寄情於物外，非有求於人也，然而自貽伊患者，未能隱其形也。」[59] 可見《劉子》認為露才揚己必然招致禍患。而《劉子・遇不遇篇》則在論述命定論，其云：「賢有常質，遇有常分。賢不賢，性也；遇不遇，命也。性見於人，故賢愚可定；命在於天，則否泰難期。命運應遇，危不必禍，愚不必窮；命運不遇，安不必福，賢不必達。」[60] 指出命運決定際遇，指出人不能改變命運，故人不應怨天尤人，而應接受命運的安排，「如能臨難而不慴，貧賤而不憂，可為達命者矣」[61]，可見只有安時處順才可達到知命。又《劉子》認為人的際遇皆由命所定，〈通塞篇〉云：

---

58 傅亞庶：《劉子校釋》，頁 105。

59 傅亞庶：《劉子校釋》，頁 28。

60 傅亞庶：《劉子校釋》，頁 233。

61 傅亞庶：《劉子校釋》，頁 234。

「命有否、泰，遇有屈、伸。否與泰相翻，屈與伸殊致。遇泰遇伸，不盡叡智；遭否會屈，不專庸蔽。何者？否泰由命，屈、伸在遇也。命至於屈，才通即壅；遇及於伸，才壅即通。通之來也，非其力所招；壅之至也，非其智所迴。」[62] 展示出其「出世」的一面。既然人之通塞由命運所決定，則出與處、仕與隱都必須因應命運的安排，非人力可改變，明乎此，則無論出世與入世都不能影響己心。若將《劉子》這些內容連繫上述魏晉名士複雜的心態中，則更能體察《劉子》為何一方面主張儒家的積極治世，另一方面又重視道家全身誡盈的思想，其實就是承續魏晉名士「出世與入世」的矛盾，折衷儒道思想而來的。[63]

以上可見，《劉子》亦如魏晉名士，周旋於建立功業與避禍全身之間，然而《劉子》不同於阮籍等由儒家轉向為道家，全以道家全性精神反對儒家之禮教，故吳重慶《儒道互補——中國人的心靈建構》認為阮籍等由儒入道不能看成「儒道互補」。[64] 然而蔡忠道《魏晉儒道互補之研究》則不同意吳說，認為阮籍這種轉向乃魏晉「儒道互補」的另一種形態。[65] 如果從蔡氏之說把阮籍等由儒入道的取向看成「儒道互補」的不同形態，則《劉子》主張

62 傅亞庶：《劉子校釋》，頁 226。

63 南北朝時期政治更為黑暗，而北齊時期鮮卑族與漢族產生極大的矛盾，如高緯任用漢人祖珽為侍中、尚書右僕射，然被穆提婆、高阿那肱、韓長鸞所排擠，穆提婆掌權後，大肆殺戮漢族官員，漢世族如崔季舒、張雕虎、劉逖、郭遵等皆被斬，詳參王仲犖：《魏晉南北朝史》（上海：上海人民出版社，1980 年），頁 602，可見北齊政治環境之惡劣，此或促成了《劉子》兼融儒、道兩家的取向。

64 吳重慶：《儒道互補——中國人的心靈建構》，頁 117-118。

65 蔡忠道：《魏晉儒道互補之研究》，頁 13-14。

兼治儒道，或更能體現「儒道互補」的內涵，〈九流篇〉云：「今治世之賢，宜以禮教為先；嘉遁之士，應以無為是務，則操業俱遂而身名兩全也。」[66] 可知《劉子》認為治國必須以儒家之禮教，而修身養性則應以道家之無為，兩者兼治才能達到功業、道德兩全的境界，以儒道分工作為其互補的手段。

而《劉子》中的「聖人」形象一如嵇康及郭象等人，統攝儒、道兩家的內涵，如〈清神〉云：「是以聖人清目而不視，靜耳而不聽，閉口而不言，棄心而不慮。貴德而忘賤，故尊勢不能動，樂道而忘貧，故厚利不能傾。容身而處，適情而遊，一氣浩然，純白於衷。故形不養而性自全，心不勞而道自至也。」[67] 而〈去情〉云：「是以聖人棄智以全真，遣情以接物，不為名尸，不為謀府，混然無際，而俗莫能累矣。」[68] 皆在闡釋道家棄知巧、絕思慮的「聖人」境界。而〈賞罰〉云：「聖人之為治也，以爵賞勸善，以仁化養民，故刑罰不用，太平可致。然而不可廢刑罰者，以民之有縱也。是以賞雖勸善，不可無罰，罰雖禁惡，不可無賞。賞平罰當，則理道立矣。」[69] 認為「聖人」以仁化民，而不可無賞罰。〈慎言〉則云：「是以聖人當言而懼，發言而憂，如蹈水火，臨危險也。禮然後動，則動如春風，人不厭其動；時然後言，則言如金石，人不厭其言。故身無失行，口無過言也。」[70] 又〈正賞〉云：「是以聖人知是非難明，輕重難定，制為法則，揆

66 傅亞庶：《劉子校釋》，頁 521。
67 傅亞庶：《劉子校釋》，頁 2。
68 傅亞庶：《劉子校釋》，頁 21。
69 傅亞庶：《劉子校釋》，頁 150。
70 傅亞庶：《劉子校釋》，頁 307。

量物情。」[71] 則指出聖人能制定法度、從禮而行，皆為儒家的理想人格。可知《劉子》亦以「聖人」的境界融會儒道，以道家全性之說保持心境不累於物，又以儒家治國之說化民安民，此亦體現出儒道互補的精神，從而解決其「出世與入世」的困頓。

五、結語

本文把《劉子》「儒道互補」的內容放入魏晉玄學的思潮中，透過比較《劉子》學說組織與魏晉時期玄學家對「自然與名教」的討論，指出《劉子》利用「雜家」形式來建立「儒道互補」的結構，既是承繼魏晉玄學的思路，而又保持其儒道分工、互補長短的特點，在魏晉思想史上有其獨特的地位，且補充了學者在「儒道互補」論題上研究之未足。又本文提出書證，嘗試指出魏晉玄學發展與《劉子》「儒道互補」的結構之關係，並參照《抱朴子》對儒、道兩家學說之態度，從而顯示魏晉玄學對《劉子》融合儒道思想的影響。

另外，本文指出《劉子》並引儒、道文獻的特點，以及其所呈現的「出世與入世」之矛盾，皆與魏晉當時社會與學術風氣、魏晉名士的遭際有密切關連，此點有助更深入探討《劉子》的學術思想。

* 本文曾發表於《新道學經營管理學報》第二十輯，臺北：慈惠弘道功德會，2015 年，頁 63-95。

---

71 傅亞庶：《劉子校釋》，頁 486。

「漢達文庫・類書資料庫」與古籍研究
——以《冊府元龜》引范曄《後漢書・獨行列傳》為例

一、前言

「類書」是中國古代很有特色的文獻，雖然它在內容上沒有創新，但古人根據不同的分類標準，節取前代典籍的不同段落，以「臨事取給用便檢索」及「儲材待用備文章之用」，[1] 因而受到歷代君主、學者之重視。且類書的引文，對研讀古籍極為重要，首先不少古書在流傳的過程中已散亡，全賴類書的轉引，才能保存其梗概；另一方面，不少學者將存世的古籍與類書的引文加以比勘，從而校訂古籍的錯訛，因而類書在輯佚學及校勘學上的貢獻極大。然而，前代類書留存至今者，不僅數量繁多，卷帙浩大，且體例不一，並不便於研讀。隨着科技的進步，現時不少研究機構都將古代類書數字化，以便學者利用其中的材料，香港中文大學中國文化研究所劉殿爵中國古籍研究中心「漢達文庫・類書資料庫」即為一例。本文將介紹「漢達文庫・類書資料庫」之功能，並選取顯證，詳加分析，以顯示類書數據庫對古籍研究之作用。

---

1 胡道靜：《中國古代的類書》(北京：中華書局：2005 年)，頁 23-26。

二、「漢達文庫・類書資料庫」與古籍研究——以《冊府元龜》引范曄《後漢書・獨行列傳》為例

2001年，香港中文大學中國文化研究所劉殿爵中國古籍研究中心獲「香港研究資助局」資助，建立「中國傳統類書資料庫」。計劃由中心主任何志華教授所領導，旨在建立完整的類書數據庫。「漢達文庫・類書資料庫」所收的類書，時代由魏晉六朝起，下至明清，其中唐宋重要的類書如《群書治要》、《太平御覽》、《文英苑華》等，皆依據現存的古籍善本，輸入電腦，再由研究人員加以校勘及標點，以方便學者閱讀及使用。另一方面，資料庫具備檢索功能，使用者能以一種或多種類書為主進行搜尋，以便蒐集類書轉引前代古書的片段。[2] 宋代的大型類書——《冊府元龜》，亦為「類書資料庫」所整理。此書乃宋太宗命王欽若、楊億等大臣編纂而成，初名《歷代君臣事跡》，後改名《冊府元龜》。[3] 據學者研究，《冊府元龜》的取材甚具特色，其主要取錄前代的正史、經籍，而不採雜史、瑣說，[4] 故此後人多利用此書進行史籍的輯佚及校勘，如上海復旦大學陳尚君校授曾系統利用《冊府元龜》等類書，輯成《舊五代史新輯會證》，大大補充了前代《舊五代史》輯本之不足。

考《冊府元龜》共1000卷，約916萬字，[5] 卷帙浩繁，且其

2　詳見 http://www.cuhk.edu.hk/ics/rccat/research6.html。

3　胡道靜：《中國古代的類書》，頁182-183。

4　可參考趙含坤：《中國類書》（河北：河北人民出版社，2005年），頁83-85。

5　趙含坤：《中國類書》，頁84。

引書並無注明出處，這就大大阻礙了學者對《冊府》的使用。現時「漢達文庫・類書資料庫」以明崇禎十五年序豫章黃國琦刊本的《冊府元龜》為底本，重加校勘及標點，並提供檢索功能，更便利學者利用《冊府》所載的材料。本文將以《冊府》引用范曄《後漢書・獨行列傳》為例，反映學者利用「漢達文庫・類書資料庫」及「魏晉南北朝一切傳世文獻資料庫」的檢索功能，輸入相關的字眼，即能蒐集《冊府》引用范曄《後漢書》的用例，然後再與《後漢書》原文作比較，從而可見《冊府》的文獻價值，如下：

例一：

《冊府元龜》：立趙飛燕為皇后，后專寵懷忌，皇子多橫夭折。[6]

《後漢書》：立趙飛燕為皇后，后專寵懷忌，皇子多橫夭。[7]

案：《冊府元龜・諫諍部・卷五三六・直諫三》引《後漢書・獨行列傳》之文字。王先謙《後漢書集解》云：「『皇子多橫夭』，官本『天下』多『折』字。」[8] 王氏所謂「官本」者，即清代武英殿本，而《冊府》所引多一「折」字，與殿本同，或可證《後漢書》原文當有「折」字。

6　本文所引《冊府元龜》原文乃據「漢達文庫・類書資料庫」，而其底本為「明崇禎十五年序豫章黃國琦刊本」，下同。

7　本文所引《後漢書》原文乃據「漢達文庫・魏晉南北朝一切傳世文獻資料庫」，而其底本為「藝文印書館影清乾隆武英殿本」，另外再參考王先謙《後漢書集解》及中華書局點校本《後漢書》之校改，下同。

8　王先謙：《後漢書集解》（江蘇：廣陵書社，2006 年），第七十一卷，頁 906。

例二：

《冊府元龜》：李充為左中郎將，年八十，以為國三老。

《冊府元龜》：李充為左中郎將，年八十，以為國三老。

《後漢書》：遷左中郎將，年八十八，為國三老。

案：《冊府元龜・帝王部・卷五十五・養老》及《總錄部・卷七八四・壽考》並引《後漢書・獨行列傳》之文字。王先謙《後漢書集解》云：「官本作『年八十』，下無『八』字。案袁紀載充卒年亦無八十八，則毛本下『八』字或衍。」[9] 王氏所謂「毛本」者，乃明代汲古閣本，後中華書局點校本《後漢書》亦取王說。[10] 考《冊府》兩引《後漢書》，所記李充皆為「年八十」，或可補證王氏之說。

例三：

《冊府元龜》：主簿衛福、功曹徐咸遽赴之。

《冊府元龜》：主簿衛福、功曹徐咸遽赴之。

《冊府元龜》：福及功曹徐咸遽赴之。

《後漢書》：主簿衛福、功曹徐咸遽起之。

案：《冊府元龜・帝王部・卷一三七・旌表一》、《總錄部・卷七六三・死節》以及《總錄部・卷七六四・義烈》並引《後漢書・獨行列傳》之文字。《冊府》均作「遽赴之」，與《後漢書》作「遽起之」者不同。王先謙《後漢書集解》云：「官本『起』作『赴』是。」[11] 中華書局點校本《後漢書》校勘記亦主張據殿本改「起」

---

9 王先謙：《後漢書集解》，第七十一卷，頁 907。

10 宋雲彬校點：《後漢書》（北京：中華書局，1965 年），頁 2700-2701。

11 王先謙：《後漢書集解》，第七十一卷，頁 906。

為「赴」，[12] 考《冊府》所引，亦可補正以上兩説。

以上三例可見，利用「漢達文庫・類書資料庫」可快速搜尋《冊府元龜》引用《後漢書》的文句。考《冊府》所引，多可補證《後漢書》原文之錯訛，從而反映出《冊府》在校勘古籍上之作用。

三、結論

總結而言，本文以《冊府元龜》引用《後漢書・獨行列傳》為例，介紹了如何使用「漢達文庫・類書資料庫」的檢索功能去輔助古籍校勘，從而輔助考證《後漢書》原書文句之訛誤，反映現代古籍數據庫對古籍研究之影響。近年，除了發掘類書的校勘作用外，亦有學者嘗試在「數位人文」的視野下，將古代類書數字化，並結合新設計的電腦程式，以比較不同朝代的類書在分類及內容上的差異，從而反映古代學者知識結構變化之軌跡。[13] 相信類書數據庫的設計與使用，將會更多元化。

* 本文曾發表於香港都會大學田家炳中華文化中心：《田家炳中華文化中心通訊》第九期，2022 年 3 月，頁 41-43。

12 宋雲彬校點：《後漢書》，頁 2698。

13 詳見項潔等：〈數位人文視野下的知識分類觀察：兩部官修類書的比較分析〉，《東亞觀念史集刊》9 期，頁 229-286。

明代陳深《諸子品節》辨偽
——以《孫武子》為討論中心

一、前言

陳深，字子淵，生卒年不詳，為明代著名文學評論家，著有《十三經解詁》、《諸史品節》、《諸子品節》、《批點本楚辭集評》等，[1]深於經、史、子、集四部之學，而其《諸子品節》選錄周、秦、漢時期諸子之文，並加評點，以抒發著者對前人文章之見解。考《諸子品節》成於萬曆十九年（即西元 1591 年），分內、外、雜三品，其中對所收的諸子及相關前代注釋持不同的處理，或收入原書及其注釋，不加刪節，如《老子》河上公注等；或只節錄書中若干篇，或若干章，甚至在一篇中刪節部分字句，如《荀子》、《淮南子》等，其中或反映了陳氏對不同諸子之態度。

關於陳深及其《諸子品節》之研究並不多見，或重於考訂陳氏之生平及著作，[2]或探討《品節》對個別諸子之批評，如屈子、莊子等，[3]皆未有重點研究陳氏評點《孫武子》之情形。考《孫武子》屬「外品」全錄原書之一種，據《品節・凡例》，《品節》所

---

1 參考自陳煒舜：〈陳深楚辭學著作考敍〉，《屈騷纂緒》（臺北：臺灣學生書局，2008 年），頁 51-60。

2 陳煒舜：〈陳深楚辭學著作考敍〉，《屈騷纂緒》，頁 51-79。

3 見方勇：《莊子學史》（北京： 人民出版社，2008 年），頁 671-673；羅劍波：〈陳深及其《楚辭》評點的價值〉，載《吉林大學社會科學學報》2013 年第 1 期，頁 165-174。

錄全書只有《老子》、《莊子》、[4]《楚辭》及《孫子》四種，反映陳氏對《孫武子》之重視。故本文旨在比對陳氏《孫武子品節》之眉批、正文旁注及評點符號與題為歸有光所編《諸子彙函・孫武子》相關部分，以見《諸子彙函》對《品節》評語之改編，而非陳氏抄錄他人之見。

二、陳深《諸子品節》論略

據《諸子品節・自序》，陳深於萬曆十五年完成此書，而其著書之目的亦見於〈自序〉中，其云：

> 西京以前，諸子之文，文有餘而道不足；宋以後之文，道有餘而文不足。二者將安取？哀儒者曰：「與其文也，寧道。」文與道有二乎？……今憚於脩辭，而徒欲以理勝相掩，借言明道，不欲以辭麗為工。道明矣，辭不文，安在其能達？不達，安用文為？[5]

可見陳氏指出宋以後儒者只着重闡發儒家之義理（即「道」），而不注重文章的表達方式及辭藻（即「文」），然陳氏並不同意這種

---

4 方勇指出：「陳深把他的編著劃分為內、外、雜三品的唯一依據就是《莊子》，而且他還十分欣賞莊子的思想和文采，所以對《莊子》一書不敢擅自刪節，甚至把其中的外篇、雜篇也都列為『內品』，只是依照蘇軾之說而芟去〈讓王〉、〈盜蹠〉、〈說劍〉、〈漁父〉四篇而已。」（方勇：《莊子學史》，頁 672。）可見《品節》對《莊子》篇章亦有所刪節，非全錄其書。

5 陳深：《諸子品節・序》，《四庫全書存目叢書》影印遼寧大學圖書館館藏明萬曆刻本（濟南：齊魯書社，1995 年），第 122 冊，頁 248。陳深《諸子品節》本無標點，為方便討論，本文所引《品節》之文句皆加上新式標點。

以「道」掩「文」之主張，並希望以《諸子品節》一書，抒發自己對於秦漢諸子文辭之見解，欲令後來者注意文辭的重要性，以達致「辭達」之境地，使「道」、「文」合一。

書名所謂「品」、「節」者：「品」，據〈凡例〉乃指「品隲」，其具體內容為陳氏以眉批、正文旁注及不同評點符號品評諸子文章，並將其分為「神品」、「妙品」、「佳品」三類，關於陳氏對眉批、正文旁注之應用，將詳論於下文。另一方面，陳氏亦效法《莊子》內、外、雜篇之編排，將不同諸子分為內、外、雜三品，現據〈目錄〉所載，將書中所錄之諸子及其劃分，表列如下：

內品	第一至卷九	老子、莊子
外品	第十至四十五	晏子（節）、子華子（節）、孔叢子（節）、尹文子（節）、桓子（節）、荀子（節）、商子（節）、鬼谷子（節）、管子（節）、韓子（節）、墨子、文子（節）、關尹子（節）、列子（節）、鶡冠子（節）、屈子、司馬長卿、楊子（節）、呂覽（節）、孫武子、尉繚子（節）、陸賈《新語》、賈誼《新書》（節）、《淮南子》
雜品 （目錄作「小品」）	卷四十六至五十	劉向《說苑》、《新序》（節）、王符《潛夫論》、仲長統《昌言》、王充《論衡》、徐幹《中論》

可見《品節》所錄秦漢諸子共三十二種。考〈凡例〉云：「書分內、外、雜品，做莊子之內篇、外篇、雜篇而品名之，以便學者之按名求珍，無甚優劣。雖莊氏三篇，概其辭旨，亦未有優劣其間。學者觀於內品而知醞藉之精深，外品知雄名之獨禪，雜品知珠聯玉屑之足矜也。」[6] 雖然陳氏指出書中於諸子分為內、外、雜

6　陳深：《諸子品節》，《四庫全書存目叢書》，第 122 冊，頁 251。

三品並沒有優劣褒貶之意，然今本《莊子・內篇》自古以來一直視為莊子本人所自著，其價值自高於〈外〉、〈雜〉篇，又陳氏上文所謂「觀於內品而知醞藉之精深」，乃對內品所收諸子作出描述，此與〈凡例〉下文形容最高等級之「神品」為「醞藉沖深」者極為相似，則《品節》內、外、雜三品之分，自有優劣在其中矣。

而「節」者，據〈凡例〉乃指「節文」，即刪節諸子原文字辭。按《品節・凡例》云：

> 故不佞於《老子》、《莊子》、屈宋騷辭，及《孫子兵法》，一句為一義者，皆全錄之，不遺一字，所以見畸人瑋士，搆思落筆，學問之所自來，不如是，不足探其底也。若《管子》、《淮南》、《呂覽》，皆非一家之言，亦非出一人之手，則採其雋艷，遺其沉斥，所謂採珠而遺竇，琢玉而捐後，淘金而棄砂也。若《列子》、《關尹子》、《文子》、《鶡冠子》，則後人雁辭耳，皆好為窾曠無訾量之語，然亦有精神感會處，錄其十之二三。若《商子》、《鬼谷子》，則駁雜權譎之書，取節焉可也。《韓非子》已有全書行世，《荀》、《墨》滔滔小持大豪，楊子雲富於著記，艱難寂寥，擬步中有絕塵，韓退之獨喜，反以為超，此皆其已物色而可珍者。[7]

可見陳氏認為《老子》、《莊子》、《楚辭》及《孫子》四書皆文辭精練，「一句一義」，實不可刪之而毀其學，相較之下，《管子》、

7 陳深：《諸子品節》，《四庫全書存目叢書》，第 122 冊，頁 250。

《淮南》、《列子》、《文子》、《商子》等書，或作者非一，或為後人偽作，或內容駁雜，故陳氏皆作不同程度之刪節。而〈凡例〉在下文有詳論其「節文」之原則，其云：

> 所謂節文者，節其袠而不節其篇，節其篇而不節其章，節其章而不節其句，節其句而不節其字。節其章則本調不全，節其句則神氣不會。節其字則蹈舞文之咎矣。不佞之書，於篇則節其十之六七，於章則十之四五，於袠則節其二三，若句與字，則絕無矣，盡仍其故，且如河上公，發太上之辭，覺衰世之憒，漆園吏，涕唾成珠，呼吁成霧，一字百金也，即罄欬餘音，且不敢廢，無所用節焉。其餘若《管子》、《呂覽》，雅俗間見，有高為天，汙為淵，則節其袠，又節其章，非出一手故也。若《淮南》尤稱駁雜無訾，自謂如江河之腐胔，不可勝數，則節其篇，又節其章，節其句，其餘有節有不節，要於盪胸愉目已耳。[8]

以上反映陳氏是根據個人對該諸子之看法來決定刪節的輕重，若《老子》河上公注、《孫子》等皆「一字百金」，價值極高，不能刪節。而《管子》、《呂覽》等均不成於一手，故《品節》不錄其全書（即「節其袠」），並進一步刪節該書所收篇章之章節（即「節其章」）。至於如《淮南》等，陳氏認為其書文辭駁雜，不獨節取該書部分章節，甚至一章之中亦刪改其字句（即「節其句」），顯

8 陳深：《諸子品節》，《四庫全書存目叢書》，第122冊，頁251-252。

示陳氏《品節》對各種諸子皆有不同的處理。而本文重點討論之《孫武子》屬《品節》「外品」全錄其書之一種，反映陳氏對《孫子》之重視，下文將詳論《孫武子品節》與《諸子彙函・孫武子》之異同，以見陳氏觀點之原創性。

三、論《孫武子品節》與《諸子彙函・孫武子》之異同

上文已言，《諸子品節》既於書中選節秦漢諸子及其相關前代注釋，又對這些文章加以品隲，以讓讀者瞭解前人行文之法。陳氏「品隲」諸子時，多利用眉批及正文旁注以品評《孫子》。然而這些評語是否成於陳氏之手？方勇《莊子學史》已指出陳氏於《莊子品節》中有很多解釋的文字都是抄自陸西星《南華真經副墨》而不書其名氏，然未有舉例說明。[9] 本文比對陳氏《孫武子品節》及題為明歸有光所編《諸子彙函・孫武子》之評語，可知當陳氏《品節》之說互見於《彙函》時，《彙函》實引作他人之說者，如〈始計〉云：「自能而示之不能，用而示之不用，近而示之遠，遠而示之近，利而誘之，亂而取之，實而備之，強而避之，怒而撓之，卑而驕之，佚而勞之，親而離之，攻其無備，出其不意。」《品節》於此正文旁注云：「一句一義。」[10] 考《諸子彙函》引何啟圖曰：「自『能而示之不能』至『出其不意』，是一句一

9 方勇：《莊子學史》，頁 672。

10 陳深：《諸子品節》，《四庫全書存目叢書》，第 123 冊，頁 15。

義。」[11] 可見無論《品節》品評之句群及評語在《彙函》說中都稱作何說。[12]

又如〈始計〉云：「夫未戰而廟筭勝者，得筭多也。」《品節》眉批云：「『廟算』者，得算於廟堂之上也，後有『廟戰』、『廟勝』，《淮南》、《管子》皆本此。」[13]《諸子彙函》引汪有泉曰：「『廟算』者，得算於廟堂之上也，後有『廟戰』、『廟勝』，《淮南》、《管子》皆本此。」[14] 正與陳氏所引相同。再如〈謀攻〉云：「故君之所以患於軍者三：不知軍之不可以進而謂之進，不知軍之不可以退而謂之退，是謂縻軍；不知三軍之事而同三軍之政，則軍士惑矣；不知三軍之權而同三軍之任，則軍士疑矣。」《品節》眉批云：「三患皆說人君御將。」[15]《諸子彙函》引汪有泉曰：「三患皆說人君御將。」[16] 可見以上兩例，《彙函》並引作汪說。

---

11 歸有光：《諸子彙函》，《四庫全書存目叢書》影印遼寧省圖書館藏明天啟五年刻本（臺南：莊嚴文化事業有限公司，199 年），第 126 冊，頁 310。

12 《諸子品節・凡例》云：「故不佞於《老子》、《莊子》、屈宋騷辭，及《孫子兵法》，一句為一義，皆全錄之，不遺一字，所以見畸人瑋士，構思落筆，學問之所自來，不如是，不足探其底也。」（陳深：《諸子品節》，《四庫全書存目叢書》，第 122 冊，頁 250）又《品節》於《孫子・始計》之篇題下注云：「老蘇云：『孫吳之簡切，十三篇中，具見之，倣模之，為《權書》，一句一義。』」（陳深：《諸子品節》，《四庫全書存目叢書》，第 123 冊，頁 15）另外，〈虛實〉云：「敵雖眾，可使無鬥，故策之而知得失之計。」《品節》旁注云：「一句一義。」（陳深：《諸子品節》，《四庫全書存目叢書》，第 123 冊，頁 21）凡此「一句一義」之用法當是陳氏個人心得，而非抄自他人。

13 陳深：《諸子品節》，《四庫全書存目叢書》，第 123 冊，頁 15。

14 歸有光：《諸子彙函》，《四庫全書存目叢書》，第 126 冊，頁 310。

15 陳深：《諸子品節》，《四庫全書存目叢書》，第 123 冊，頁 18。

16 歸有光：《諸子彙函》，《四庫全書存目叢書》，第 126 冊，頁 311。

又〈地形〉:「掛形者，敵無備，出而勝之，敵若有備，出而不勝，則難以返，不利。我出而不利，彼出而不利，曰支。支形者，敵雖利我，我無出也，引而去之，令敵半出而擊之，利。隘形者，我先居之，必盈之以待敵。若敵先居之，盈而勿從，不盈而從之。」陳氏旁注云:「掛者，還返掛礙。支形者，歧路多險而難居，又難出。隘形者，左右高山，中有平谷，必須我兵彌山滿谷，敵不得前。」[17]《諸子彙函》引錢鶴灘曰:「掛者，還返掛礙。支者，歧路多險。隘者，左右高山，中有平谷，必須我兵彌山滿谷，敵不得前。」[18] 可見陳氏之見於《彙函》引作錢說。而〈地形〉下文云:「故戰道必勝，主曰無戰，必戰可也；戰道不勝，主曰必戰，無戰可也。故進不求名，退不避罪，惟民是保，而利合於主，國之寶也。」陳氏眉批云:「趙奢曰敢以軍事諫者死，許歷不避死諫而先據北山，得勝，此國之寶也。」[19]《諸子彙函》則引作林見素之言。[20] 其他例子詳見本文附錄一〈《孫武子品節》與《諸子彙函・孫武子》評語比勘表〉。然而，這樣可以說明是《品節》抄襲前人之說而不加姓名嗎？筆者認為不能。

細考《諸子彙函・孫武子》之評語，其中實有明顯偽作之跡。陳氏《孫武子品節》在每篇《孫子》正文後都會條列部分《孫子》原文語句，並於其下節錄劉寅《孫武子直解》之文字，作為瞭解《孫子》之輔助。考《諸子彙函》之眉批，可知其作者亦將

---

17 陳深:《諸子品節》,《四庫全書存目叢書》，第 123 冊，頁 28。
18 歸有光:《諸子彙函》,《四庫全書存目叢書》，第 126 冊，頁 317。
19 陳深:《諸子品節》,《四庫全書存目叢書》，第 123 冊，頁 29。
20 歸有光:《諸子彙函》,《四庫全書存目叢書》，第 126 冊，頁 317。

《品節》所節錄之劉《解》，假託於明代其他學者之下，如《品節》於〈地形〉正文後擇錄「大吏怒而不服，遇敵懟而自戰，將不知其能曰崩」句，並於下文節錄劉《解》所引《左傳》五事以釋《孫子》原文，其最後一事云：「秦伐晉，趙穿怒吏駢之佐上軍也，自以其屬出，皆是也。」[21] 然《諸子彙函・孫武子》卻引作「汪有泉曰：『此即秦伐晉，趙穿怒吏駢之佐上軍，自以其屬出也。』」[22] 反映《彙函》實節引《品節》所載劉《解》之內容而換成汪說。

又《品節》下文摘錄「將不能料敵，以少合眾，以弱擊強，兵無選鋒曰北」句，並於此句下節引劉《解》云：「凡戰必用精鋭為先鋒，一則壯吾志，一則挫敵威，如曹操以張遼為先鋒而敗鮮卑，謝玄以劉牢之領精鋭以拒符堅是也。」[23] 然《諸子彙函》卻引作「汪有泉曰：『此即曹操以張遼為先鋒而敗鮮卑。』」[24] 與上例相同，亦明顯是《彙函》節引《品節》所載劉《解》之內容而換成汪說，可見《彙函》所載之評語確有作偽之處，讀者未可輕信其所引錄的出處。

據《諸子彙函》文震孟〈序〉，該書成於天啟乙丑，即天啟五年（西元 1625 年），成書較陳氏《諸子品節》為後。且《彙函》作者是否為歸有光，學者多有懷疑，《四庫全書總目》即懷疑此書乃「坊賈射利之本」，學者陳煒舜亦指出「《諸子彙函》將評語改頭換面，歸於明代賢達名下者每每有之」，他並比對《諸子彙

21 陳深：《諸子品節》，《四庫全書存目叢書》，第 123 冊，頁 29。
22 歸有光：《諸子彙函》，《四庫全書存目叢書》，第 126 冊，頁 317。
23 陳深：《諸子品節》，《四庫全書存目叢書》，第 123 冊，頁 29。
24 歸有光：《諸子彙函》，《四庫全書存目叢書》，第 126 冊，頁 317。

函・玉虛子》與陳氏《屈子品節》之評語，發現《彙函》往往引用陳氏《品節》之說而將其見解歸於他人名下，[25] 此或可反映上舉陳氏《孫武子品節》之見，極有可能被《彙函》編者改作他人之說，故此，即使兩書評語相合，實未可輕易據以判斷陳氏抄襲前人之說，反而極有可能是《彙函》改編了陳氏的成果。

四、結論

本文比勘了陳深《孫武子品節》與題為歸有光所著《諸子彙函・孫武子》之評語，指出陳氏《品節》之見往往見諸《彙函》中，然《彙函》皆引作他人之說，但我們不能根據《彙函》所提供之出處，來批評陳氏抄襲。相反，據本文提出之書證，《彙函》在轉引《品節》所錄劉寅《孫武子直解》時，實有改作他人者，則《彙函》偽作抄襲之跡極有明顯。故此，《孫武子品節》之說當為陳氏之個人心得，而非取自《彙函》者，此有助論定《品節》之原創性。

25 陳煒舜：〈歸有光編〈玉虛子〉辨偽〉，《漢學研究》第 24 卷第 2 期（2006 年），頁 449-482。

附錄一：《孫武子品節》與《諸子彙函·孫武子》評語比勘表

	篇章	《孫武子品節》	《諸子彙函·孫武子》
1.	〈始計〉	一句一義	何啟圖曰：「自『能而示之不能』至『出其不意』，是一句一義。」
2.		「廟算」者，得算於廟堂之上也，後有「廟戰」、「廟勝」，《淮南》、《管子》皆本此。	汪有泉曰：「『廟算』者，得算於廟堂之上也，後有『廟戰』、『廟勝』，《淮南》、《管子》皆本此。」
3.	〈謀攻〉	三患皆説人君御將。	汪有泉曰：「三患皆説人君御將。」
4.	〈虛實〉	見敵之形，則我專為一；敵不能測我之形，則分而為十以防我。	舒國裳曰：「見敵之形，則我專為一；敵不能測我之形，則分而為十以防我。」
5.		敵不知我所出，則必分兵以備我，敵既分兵，則吾所與接戰者寡矣。敵防我之前，則在後者必少；防後，則兵在前者必少。	敖清江曰：「敵不知我所出，則必分兵以備我，敵既分兵，則吾所與接戰者寡矣。敵防我之前，則在後者必少；防後，則兵在前者必少。」
6.	〈軍爭〉	軍爭之難在此二患	諸理齋曰：「軍爭之難在此二患。」
7.		軍爭之患在此三事	諸理齋曰：「此言舉兵爭利之害在此三事。」
8.		齊軍入魏地，龐涓棄其步軍與其輕鋭，倍日併行，逐之馬陵，萬弩俱發，魏軍大亂。	俞口芝曰：「齊軍入魏地，龐涓棄其步軍與其輕鋭，倍日併行，逐之馬陵，萬弩俱發，魏軍大亂。」[26]
9.		軍爭之妙全在識地形	汪有泉曰：「軍爭之妙全在識地形。」
10.	〈地形〉	掛者，還返掛礙。支形者，歧路多險而難居，又難出。	錢鶴灘曰：「掛者，還返掛礙。支者，歧路多險。」
11.		隘形者，左右高山，中有平谷，必須我兵彌山滿谷，敵不得前。	錢鶴灘曰：「隘者，左右高山，中有平谷，必須我兵彌山滿谷，敵不得前。」
12.		趙奢曰敢以軍事諫者死，許歷不避死諫而先據北山，得勝，此國之寶也。	林見素曰：「趙奢今敢以軍事諫者死，許歷不避死諫而先據北山，得勝，此國之寶也。」

* 本文曾發表於《文學批評與人生——第四屆兩岸四地華文文學講座論文集》，香港：香港公開大學、明報月刊出版，2019 年 11 月，頁 177–187。

26 《諸子彙函》原文姓名難以辨認，姑存疑待考。

論《唐宋詩醇》對《讀杜心解》之接受

一、前言

《唐宋詩醇》四十七卷，題為清高宗乾隆御選御注，成於乾隆十五年（即西元1750年），其中選錄了唐代李白、杜甫、白居易、韓愈及宋代蘇軾、陸游等六位前代詩人的作品，並加以評注及引錄前人評論，以品評所選的詩作。乾隆自言《唐宋詩醇》之成書，乃在呼應《唐宋文醇》而作，《唐宋詩醇・序》云：「文有唐宋大家之目，而詩無稱焉者，宋之文足可匹唐，而詩則實不足以匹唐也。既不足以匹，而必為是選者，則以《唐宋文醇》之例，有文醇不可無詩醇，且以見二代盛衰之大凡，示千秋風雅之正則也。」[1] 可見乾隆認為由於《文醇》已成，作為歷代重要文學體裁的詩，不可以沒有《詩醇》與之匹敵。據莫礪鋒的研究，《詩醇》選詩共2665首，其中李白有375首、杜甫722首、白居易363首、韓愈103首、蘇軾541首、陸游561首，唐詩的比例約佔全書五成八，而杜甫個人的作品則佔全書二成七，[2] 反映《詩

---

1 《御選唐宋詩醇》，影印文淵閣本四庫全書（上海：上海古籍出版社，1987年），〈御選唐宋詩醇序〉，頁一。本文除特別標明外，凡引《唐宋詩醇》，悉據此本。

2 莫礪鋒：〈論《唐宋詩醇》的編選宗旨與詩學思想〉，《南京大學學報》（哲學・人文科學・社會科學）第39卷第3期（2002年），頁132-134。

醇》在選詩方面既有「崇唐」的傾向，在「崇唐」之中，又有「尊杜」的特色。《詩醇》除了選詩有「尊杜」的特色外，書中對杜甫的詩作及為人亦推崇備至，如《唐宋詩醇・凡例》云：「李杜一時瑜亮，固千古稀有。」[3] 又《詩醇》評杜甫云「此真子美之所以獨有千古者矣」，[4] 反映《詩醇》對杜甫極為重視。最值得注意的是，《詩醇》在選評杜甫作品的過程中，大量引用前代評論家的評語，特別是清初的杜詩注釋，如果對這些的評語作出深入研究，應可側面顯示當時官方對清初杜注的評價與接受情形。

近年，此書引起了部分學者的注意，如莫礪鋒〈論《唐宋詩醇》的編選宗旨與詩學思想〉、陳美珠〈《唐宋詩醇》與《唐詩別裁集》之「李杜並稱」比較〉及王飛〈《御選唐宋詩醇》大量徵引《杜詩說》的原因分析〉等，[5] 但以《唐宋詩醇》選評杜甫的部分，去考察《詩醇》對清人浦起龍《讀杜心解》的接受情況，至今尚未及見。故此，本文擬先分析《唐宋詩醇》評選杜詩的內容，然後考察《詩醇》對清初杜詩注解的引用情形，並探究其引用《讀杜心解》的作用，以略補相關研究之未足。

3　《御選唐宋詩醇》，〈凡例〉，頁一。

4　《御選唐宋詩醇》，卷九，頁二。

5　莫礪鋒：〈論《唐宋詩醇》的編選宗旨與詩學思想〉，《南京大學學報》（哲學・人文科學・社會科學）第 39 卷第 3 期（2002 年），頁 132-141；陳美珠：〈《唐宋詩醇》與《唐詩別裁集》之「李杜並稱」比較〉，《成大中文學報》第 45 期（2014 年），頁 251-286；王飛：〈《御選唐宋詩醇》大量徵引《杜詩說》的原因分析〉，《安徽文學》第 3 期總第 368 期（2014 年），頁 9-10。

二、《唐宋詩醇》評選杜詩的情況及其杜詩評注的內容

如上所言，《唐宋詩醇》共選杜甫詩722首，其中574首詩錄有評注或引用前人評論，只有148首詩不作注釋。據《唐宋詩醇・序》云：「時於幾暇偶一涉獵，而去取評品，皆出於梁詩正等，數儒臣之手。」[6] 反映此書雖由乾隆選定書中詩人的人選，但甄選六位詩人作品及評注的具體工作乃由梁詩正等館閣文臣所處理，[7] 故此，書中的評注應非自出乾隆本人，而是當時館臣的心得。除了評論外，《詩醇》亦引用了不少文獻材料，以補充杜詩的背景資料，《詩醇・凡例》言：「其中有援據正史、雜説，用資考訂、疏解者，與古今人評詩之語，義各有在。」考《詩醇》杜甫詩選中所引用的「正史」、「雜説」，計有《西京雜記》、《新唐書》、《舊唐書》、宋趙子櫟《杜工部年譜》、《資治通鑒》、《太平寰宇記》、《朱子語錄》等。而由乾隆館臣所作的杜詩評注，其內容可分為以下幾部分：

1. 從《風》、《雅》、《離騷》等中國文學傳統審視並肯定杜詩的價值

早於《詩醇》之前，不少評論者已把杜詩的淵源上索至《詩》、《騷》的傳統中，吳中勝《杜甫批評史》曾指出，如明張以

---

6 《御選唐宋詩醇》，〈御選唐宋詩醇序〉，頁一。

7 莫礪鋒指出參與《詩醇》編選評注的工作有梁詩正、錢陳群、陸宗楷、陳浩、孫人龍、張馨、徐堂等人，反映《詩醇》是一部乾隆朝館閣文臣的集體著作。詳見莫礪鋒：〈論《唐宋詩醇》的編選宗旨與詩學思想〉，頁132。

寧《釣魚軒詩集序》云：「嘗竊論杜由學而至，精義入神，故賦多於比興，以追二《雅》。」指出杜詩源於《詩・雅》。又明代胡應麟《詩藪・內編》卷二云：「少陵不效四言，不倣《離騷》，不用樂府舊題，是此老胸中壁立處。然《風》、《騷》、樂府遺意，杜往往深得之。」亦認為杜詩深得《詩》、《騷》、漢樂府的文學精神。[8] 與前人論杜的方法一致，主理《詩醇》的館臣亦從中國文學傳統出發，評論杜詩的成就，《詩醇・纂校後案》云：「杜甫源出於《國風》、《二雅》而性情真摯，亦為唐人第一。」明確地指出杜詩源於《詩三百》。而在具體的評注中，館臣亦多這種論述，如《詩醇》卷十四〈促織〉館臣評云：「以下六詩，全用比興，風詩之草木昆蟲，《離騷》之美人香草，此物此志爾。」[9] 認為杜甫〈促織〉、〈螢火〉、〈蒹葭〉、〈苦竹〉、〈除架〉、〈廢畦〉六首皆承繼了《詩》、《騷》善用比興以明情志的文學技巧。又如卷九〈自京赴奉先縣詠懷五百字〉館臣評云：「前述平日之衷曲，後寫當前之酸楚，至於中幅，以所經為綱，所見為目，言言深切，字字沉痛，《板》、《蕩》之後，未有能及此者，此甫之所以度越千古而上繼三百篇者乎。」[10] 指出〈自京赴奉先縣詠懷五百字〉情感沉鬱深切，其文學價值實可與《詩・板》、《蕩》等篇匹敵。再如卷十七〈秋興八首〉館臣評云：「近體以七律為難，唐代名家人不數首，其量固有所止也。獨至杜甫，天授神詣，造絕窮微，卓然為千古之冠。如此八首，根源二雅，繼跡騷辯，思極深而不晦，情

---

8 以上兩例參考自吳中勝：《杜甫批評史》（北京：中國社會科學出版社，2012 年），頁 112 及頁 136。

9 《御選唐宋詩醇》，卷十四，頁十九。

10 《御選唐宋詩醇》，卷九，頁二十六。

極哀而不傷，九曲回腸，三疊怨調。諷之足以感蕩心靈，直使『九天之雲下垂，四海之水皆立』，其所自云，足以喻矣。」[11] 不單把〈秋興八首〉納入《詩》、《騷》抒情諷喻的文學傳統中，更極為推崇杜甫七律的文學成就。由此而觀，乾隆館臣評論杜詩時，有意把杜詩連繫到《詩》、《騷》等文學經典，藉以提高杜詩的地位。

2. 對杜詩進行賞析

館臣所評有時針對杜甫詩作的技巧而發，如《詩醇》卷十〈兩當縣吳十侍御江上宅〉館臣評注云：「直起老到，若從昔日敘起轉筆，定拖沓矣。『不忍殺無辜，所以分白黑』，凜如秋霜，皎然明白，末乃引咎於己，寄慨獨深。」[12] 認為老杜此詩以「寒城朝煙澹，山谷落葉赤」兩句起筆，較以昔日往事起筆為佳，並認為此詩以己愁作結，感慨非常。又如卷十七〈秋野五首〉其四館臣評云：「三四目擊道存，中藏感興，又與次篇殊旨，字法精穩，句有氣象。」[13] 指出此詩在結構及字句運用上的特點。

然考館臣所評並不局限於杜詩的技巧上，其中更多的是欣賞杜甫忠君愛國的情操及個人品格，此點與該書旨在宣揚儒家詩教的封建思想有關。《詩醇》云：「昔聖人示學詩之益，而舉要惟事父事君，豈不以詩本性情，道嚴倫紀？古之人一吟一詠，恒必有關於國家之故，而藉以自寫其忠孝之誠。……夫子美以疏逖小

---

11 《御選唐宋詩醇》，卷十七，頁十八。

12 《御選唐宋詩醇》，卷十，頁三十四。

13 《御選唐宋詩醇》，卷十七，頁五。

臣，旋起旋躓，間關寇亂，漂泊遠遊。至於負薪拾梠，餔糒不給，而忠君愛國之切，長歌當哭，情見乎詞，是豈特善陳時事、足徵詩史已哉！東坡信其自許稷、契，或者有激而然；至謂其一飯未嘗忘君，發於情、止於忠孝，詩家者流斷以是為稱首。嗚呼，此真子美之所以獨有千古者矣！予曩在書窗，嘗序其集，以為原本忠孝，得性情之正，良足承三百篇墜緒。」[14] 可見乾隆對杜甫評價甚高，認為老杜性情純正，其詩緊接《詩經》，亦在發揮忠孝的文學傳統，所書者皆與國家盛衰、忠君愛國相關，反映出其崇高的品格，後世文人理當效法。而《詩醇・纂校後案》亦明言：「《三百篇》尼山所定，其論詩一則謂歸於溫柔敦厚，一則謂可以興觀羣怨。……茲逢我皇上，聖學高深，精研六義，以孔門刪定之旨品評作者，定此六家，乃共識風雅之正軌。臣等循環雒誦，實深為詩教幸，不但為六家幸也。」[15] 可見無論是乾隆選詩，或閣臣評詩，主要是想推行儒家「溫柔敦厚」、「興觀羣怨」的詩教，藉以維護封建政權的穩定。在這種宗旨之下，館臣論杜更着眼於闡釋杜甫忠君愛國的思想，如《詩醇》卷十五〈恨別〉館臣評云：「老筆空蒼，任華所云『勢攫虎豹，氣騰蛟螭』者，尺幅中能有其象。至於直搗幽燕之舉，未嘗無計及者，而良謀不用，莫奏膚功，甫詩蓋屢及之，此用兵得失之機，足見甫之識畧矣。若建都荊門，甫尤以為非計。彼其流離漂泊，衣食不暇，而關心國事，觸緒輒來，所謂發乎性止乎忠孝者，尋常詞章之士，豈能望其項背哉。」[16] 認為杜甫在流亡之際仍心繫國事，忠

14 《御選唐宋詩醇》，卷九，頁一。
15 《御選唐宋詩醇》，〈提要〉，頁三。
16 《御選唐宋詩醇》，卷十五，頁六。

君愛國，其詩作是由性情忠孝所推動而來。又如卷十四〈憶弟〉館臣評云：「二詩意真語苦，未有篤於君父而薄於手足者，甫之過人，豈徒詩乎。」[17] 指出杜甫不但忠君，而且關顧親人，品格至高。再如卷十〈洗兵馬〉館臣評云：「至於此詩之作，自是河北屢捷，賊勢大蹙，特為工麗之章，用志欣幸。中間略有寄意，全無譏諷。而論者以為直刺肅宗，步步文致，殊傷子美之志。昔人謂甫詩一飯不忘君，遂穿鑿附會，欲令篇無虛設，可謂不善說詩。」[18] 莫礪鋒推測館臣此評乃針對錢謙益的解讀而發，[19] 由於該說認為〈洗兵馬〉旨在諷刺肅宗，與《詩醇》講求「溫柔敦厚」的編纂目的不符，故館臣批評此說有失該詩的主題。以上可見，館臣所評已非單純地彰顯杜詩的藝術技巧，更重要的是從作品中闡釋杜甫忠君親親的品格，以達到「詩教」的效果。

3. 對前人評語作出評論

《詩醇・凡例》云：「舊時評語考證有錯謬者，例應削去，特恐沿襲既久。或謂是編偶不及載，而終不識其非，轉致遺誤無已，故仍錄之而加駁正焉。」[20] 可證館臣亦會在評注中評論前人說法，提出己見，如《詩醇》卷十三〈贈田九判官〉館臣評云：「本望田薦已，故『宛馬』句以比為賦微領此意。五六語如轉丸珠。仇兆鰲謂阮瑀為指高適，不為無見，不徒〈送蔡都尉詩〉以阮比

17 《御選唐宋詩醇》，卷十四，頁十一。

18 《御選唐宋詩醇》，卷十，頁十二。

19 莫礪鋒：〈論《唐宋詩醇》的編選宗旨與詩學思想〉，頁 137。

20 《御選唐宋詩醇》，〈凡例〉，頁二。

高也。」[21] 館臣先解釋本詩詩句的深意，後認同仇說對該詩的分析。又如卷十三〈重過何氏五首〉館臣評注云：「五首皆着意『重過』，其大致疏落，不復次第鋪敘，正所以別於前遊，此亦詩家之微指也。盧元昌以『野人居』三字為諷當時第舍之侈，又或以前第九首、此第四首為諷明皇黷武，將帥好兵，前第三首為刺明皇任蕃將、寵祿山，無端牽引，破碎支離。黃庭堅謂棄其大旨，於所遇林泉人物、草木魚蟲以為物物皆有所託，如世間商度隱語者，則子美之詩委地矣。讀甫詩者，當以為戒。」[22] 批評盧元昌、黃庭堅對〈重過何氏五首〉的解讀甚為牽強，近於附會。再如卷十六〈陪王使君晦日泛江就黃家亭子〉評注云：「次句寫物甚工，楊慎以為求工反拙，不及李羣玉〈樂府〉及巴渝〈竹枝詞〉，何乃妄加軒輊。」[23] 其中所引楊氏之論見於《丹鉛餘錄・總錄》卷二十「江平不流」條，其云：「杜詩『江平不肯流』意求工而語反拙，所謂『鑿混沌而畫蛇足，必夭性命而失卮酒』也。不若李羣玉〈樂府〉云『人老自多愁，水深難急流』也，又不若巴渝〈竹枝詞〉云：『大河水長漫悠悠，小河水長似箭流』，詞愈俗愈工，意愈淺愈深。」[24] 然而館臣不同意此說，並於評注中反駁楊慎的見解。

21 《御選唐宋詩醇》，卷十三，頁十五。

22 《御選唐宋詩醇》，卷十三，頁十八至十九。

23 《御選唐宋詩醇》，卷十六，頁十三。

24 《丹鉛餘錄・總錄》，影印文淵閣本四庫全書（上海：上海古籍出版社，1987 年），卷二十，頁二十六。

三、《唐宋詩醇》對清初杜詩注解的引用情況及其對《讀杜心解》的接受

《唐宋詩醇》既題為御選御注，又全書注選的具體工作實成於當時館閣文臣之手，故此書中對清人評論的選錄，或能側面顯示當時官方立場對這些清初杜注的評價，因而《唐宋詩醇》對我們瞭解杜詩清注在當時官方的接受情形甚有幫助。據本文統計，《唐宋詩醇》全書共引用499條前人評論，[25]這些評論來自唐、宋、元、明、清五朝學者，其中清代學者的評語達257條，約佔全書引用他人評論數目的一半，反映《詩醇》論杜尤重清人的見解。而《詩醇》所引清人評論的情況如下：

所引清人的姓名	次數	所引清人的姓名	次數
仇兆鰲	57	盧元昌	5
黃生	38	朱瀚	5
浦起龍	34	胡夏客	4
朱鶴齡	28	陳廷敬	4
李因篤	22	何焯	3
沈德潛	13	錢謙益	3
王士正	12	張遠	3
申涵光	9	洪仲	2
張溍	7	盧之昌	1
吳昌祺	6	計東	1

25 《唐宋詩醇》引用前人評語，多以「明引」為主，即引錄前人評語之前，標明評者的姓名，因而本文主要據《詩醇》所引錄評者的姓名進行統計。

根據上表，[26]《唐宋詩醇》中引用清人杜詩評論次數最多者為仇兆鰲《杜詩詳注》，其次為黃生《杜詩說》、浦起龍《讀杜心解》、朱鶴齡《杜工部詩集輯注》等四家。此四書被引用次數共157次，佔書中清代學者的評語約六成，可見此四家杜注基本上是《詩醇》論杜的主體。

如上所言，《唐宋詩醇・纂校後案》明言其書解詩以儒家「溫柔敦厚」、「興觀群怨」為宗旨，並批評王士禎《古詩選》及《唐賢三昧集》不選杜詩。又據上文分析，《詩醇》中有關杜詩的評注已不局限於杜詩的文學成就，而更多的從杜甫的性情品格出發，盛讚杜甫忠君愛國的情操，顯示出清代政權的封建意識對文學評論的影響，而《詩醇》多引仇兆鰲、黃生、浦起龍、朱鶴齡等人的評論之原因，除了因為此四書的注解確有真知灼見外，似乎與他們重視闡釋杜甫尊君思想的注杜特色有關。吳中勝《杜甫批評史》亦曾指出滿清政權的封建思想對杜詩批評的影響，[27] 如仇兆鰲《杜詩詳注・自序》云：「甫當開元全盛時，南遊吳越，北抵齊趙，浩然有跨八荒淩九霄之志。既而遭逢天寶，奔走流離，自華州謝官以後，度隴客秦，結草廬于成都瀼西，扁舟出峽，泛荊渚，過洞庭，涉湘潭。凡登臨遊歷，酬知遣懷之作，有一念

---

26 莫礪鋒指出《詩醇》曾引用錢謙益的評論34次，並在文中舉出此34次的出處，然而筆者翻檢部分出處時，並未檢得錢謙益的評論，如莫礪鋒指出《詩醇》卷九〈送高三十五書記〉、〈白絲行〉、〈自京赴奉先縣詠懷五百字〉三篇有引用錢氏的說法，今檢原書：〈送高三十五書記〉引用了鮑欽止、仇兆鰲的評論，〈白絲行〉引用了王洙、仇兆鰲的評論，〈自京赴奉先縣詠懷五百字〉引用了胡夏客、張溍、浦起龍的評論，並未及見錢氏之論，故此《詩醇》對錢謙益的引用，仍需進一步研究。

27 吳中勝：《杜甫批評史》，頁159-160。

不繫屬朝廷，有一時不痌瘝斯世斯民者乎！讀其詩者，一一以此求之，則知悲歡愉戚，縱筆所至，無在非至情激發，可興可觀，可群可怨。……他如杜鵑之憐南內，螢火之刺中官，野莧之諷小人，苦竹之美君子，即一鳥獸草木之微，動皆切于忠孝大義，非他人之爭工字句者，所可同日語矣。」[28] 可見仇氏認為杜甫在經歷安史之亂後，生活雖顛沛流離，但仍以詩作遣懷，表現其心繫朝廷、百姓的情操，而杜詩中不少篇章更隱含「忠孝大義」，故仇氏《詳注》的目的就是要把杜甫的「性情倫紀」一一注出，以讓「作者苦心」可「垂教萬世」，明顯從封建的教化觀去注杜。

又朱鶴齡〈輯注杜工部集序〉云：「子美之詩，惟得性情之至正而出之，故其發於君父、友朋、家人、婦子之際者，莫不有敦篤倫理、纏綿菀結之意。極之，履荊棘，漂江湖，困頓顛躓，而拳拳忠愛不少衰。自古詩人，變不失貞，窮不隕節，未有如子美者，非徒學為之，其性情為之也。」[29] 自朱氏觀之，杜甫性情端正，既深察人倫，又窮不失義，忠愛君上，乃文人的典範。而《詩醇》多引黃生《杜詩說》的原因，據王飛的推測，亦是因為黃生說杜詩極重杜甫忠君的思想，與《詩醇》宗旨相近，[30] 反映上述三書的注杜原則，與官方建封立場配合。[31]

28 仇兆鰲：《杜詩詳注》（北京：中華書局，1979 年），〈序〉，頁 1-2。

29 朱鶴齡：《杜工部詩集輯注》（保定：河北大學出版社，2009 年），〈輯注杜工部集序〉，頁 4。

30 王飛：〈《御選唐宋詩醇》大量徵引《杜詩說》的原因分析〉，《安徽文學》第 3 期總第 368 期（2014 年），頁 9。

31 以上關於仇兆鰲、朱鶴齡的觀點，參考自吳中勝：《杜甫批評史》，頁 160 注釋 1。

至於浦起龍《讀杜心解》評杜論杜亦是強調杜甫忠厚尊君的品德，其《讀杜心解・卷首發凡》云：「老杜天姿惇厚，倫理最篤。詩凡涉君臣、父子、兄弟、夫婦、朋友之間，都從一副血誠流出，而語及君臣者尤多。虞山輕薄人，每及明皇晚節、肅宗內蔽、廣平居儲諸事跡，率以私智結習，揣量周內，因之編次失倫，指斥過當。繼有作者，或附之以揚其波，或糾之而不足關其口。使藹然忠厚之本心，千年負疚，得罪此老不少。愚不惜刓精盡氣，疏通證明者，於此益力。」[32] 認為杜詩廣涉五倫，反映出杜甫惇慤忠厚的人格，但由於後代注杜者不能體察老杜的苦心，以致所解有所偏失，其中尤以錢謙益的注解問題最大，故《心解》之作就是要把杜甫的「忠心」一一還原，顯示出浦氏特重杜甫忠君的思想，與《詩醇》的編選標準一致，故此《詩醇》亦多引《心解》以論杜詩。

《唐宋詩醇》引用《讀杜心解》的具體情況大致如下：

1. 用以闡明杜詩結構，如《詩醇》卷九〈自京赴奉先縣詠懷五百字〉引浦起龍《心解》云：「是為集中開頭大文章。老杜平生大本領，須用一片大魄力讀去，斷不宜如朱、仇諸本，瑣瑣分裂。通篇只是三大段，首明賫志去國之情，中慨君臣耽樂之失，末述到家哀苦之感，一篇之中三致意焉。」[33] 以浦說說明該篇三層的結構，其中由於浦氏不滿朱鶴齡、仇兆鰲對該詩的解說，故《詩醇》於此詩亦只引張溍及浦氏的評論，而不及朱、仇兩家，恰見《詩醇》對《心解》觀點的認同。又如卷十四〈秦州雜詩二十

32 浦起龍：《讀杜心解》（北京：中華書局，1961 年），〈發凡〉，頁 6。
33 《御選唐宋詩醇》，卷九，頁二十七。

首〉其十一引浦氏云：「蒼蒼莽莽，以古為律，此前多言世亂，此後多為身謀，此乃前後關鍵也。」[34] 又其十四引浦氏云：「前後三篇皆言東柯，此以仇池隔斷，章法變化。」[35] 指出杜甫〈秦州雜詩〉這組詩歌中在內容及章法上的變化。

2. 用以說明杜詩深意，如《詩醇》卷十三〈冬日洛城北謁玄元皇帝廟〉引浦氏云：「典重高華，據事直書，不參議論，純是頌體。錢箋語語指斥，意非不善也，但學者不善會之，偏於譏刺一邊看去，則失之遠矣。」[36] 指出該篇深意在於以頌讚之體描寫帝廟，並無諷刺主上之意，又對錢說作出批評。又卷十七〈鬥雞〉引浦氏云：「前後轉關處，述明皇兩頭事，中間播遷一段泯然，隱起盛衰存沒之間，滿目淚痕矣。假使單讀此詩，似明皇無失國之慘者，此意非元、白所曉。黃生云：『不以荒宴直接播遷，則有傷痛而無譏刺，是溫柔敦厚之遺教』，洵篤論也。」[37] 浦氏指出杜甫借該詩表達對玄宗朝政由盛轉衰的感慨，其中只有傷感而無刺譏，並認同黃生對該詩的分析，說明杜詩的深意。再如卷十二〈狄明府〉獨引浦氏云：「舊說此詩，俱以憐狄漂零為解。今觀篇尾一段，乃與昌黎〈送董邵南序〉同意。蓋博濟必不得志於朝而歷干藩鎮者，時河北多擅命，意頗不喜其往也。」[38] 浦氏認為杜甫該詩的立意當與韓愈〈送董邵南序〉相同，希望藉着詩篇勸導狄博濟留下而不往藩鎮任事，說明杜詩真意，而《詩醇》

34 《御選唐宋詩醇》，卷十四，頁十三。
35 《御選唐宋詩醇》，卷十四，頁十四。
36 《御選唐宋詩醇》，卷十三，頁三。
37 《御選唐宋詩醇》，卷十七，頁三十二至三十三。
38 《御選唐宋詩醇》，卷十二，頁二十三。

亦支持此說。以上可見，《詩醇》對所引《心解》的說法多持認同的態度，其中所引亦有與官方所主「溫柔敦厚」的詩教思想相合。

3. 用以說明杜詩的淵源，如《詩醇》卷十〈遣興二首〉引浦氏云：「嗣宗〈詠懷〉，太沖〈詠史〉，延年〈五君詠〉，公蓋兼而用之。」[39] 認為老杜〈遣興〉之篇源於阮籍、左思及顏延之的作品。又卷十一〈寄韓諫議〉引浦氏曰：「源本楚騷，亦近太白。」[40] 指出該篇源於《楚辭》，而風格有與李白相似者。再如卷十二〈種萵苣並序〉引浦氏云：「當與〈菁莪〉、〈巷伯〉諸詩並讀，人知好〈前〉、〈後出塞〉、〈三吏〉、〈三別〉等篇，不知好此種，彼為漢魏之後勁，此為風雅之希聲。」[41] 亦認為〈種萵苣並序〉乃承接《詩經》而來，指出杜詩之源。上述數點皆顯示出《詩醇》稱引浦說的作用。

然《詩醇》引用前人評論亦時有缺點，如莫礪鋒曾指出：「《唐宋詩醇》中對作品的評語撮合轉述前人之意的較多，而有所發明的不多見。其中最不愜人意的是一些不痛不癢的評語，例如卷二九韓詩〈謁衡嶽廟遂宿嶽寺題門樓〉，評曰：『東坡所謂能開衡山之云者本此。』這是指蘇軾的『故公之精誠，能開衡山之云，而不能回憲宗之惑』之語而說的，但這種評語實在沒有什麼詩學意義。」[42] 由於《詩醇》引用前人評論多以節引為主者，有時所引未免過於簡短，形成上述所謂「不痛不癢」的評論，甚至影響讀者理解注者的見解，書中引用浦氏《心解》時，間亦有相同

---

39 《御選唐宋詩醇》，卷十，頁二十七。

40 《御選唐宋詩醇》，卷十一，頁二十四。

41 《御選唐宋詩醇》，卷十二，頁四。

42 莫礪鋒：〈論《唐宋詩醇》的編選宗旨與詩學思想〉，頁140。

的問題。如《詩醇》卷十四〈宣政殿退朝晚出左掖〉引浦氏云：「金和玉節之篇。」考《心解》卷四於該詩云：「一，入門。二，見殿。三，在陛前。四，瞻殿上。五、六，即景設色。七、八，退朝晚出。金和玉節之篇。」[43] 可見《心解》原文先深入分析篇中的結構，以見詩中豐富的內容及嚴密的組織，後再以「金和玉節」四字形容詩歌內容與組織之高度協調，然觀《詩醇》所引，只餘「金和玉節之篇」六字，讀者實未能體察浦氏所論的重點。又如卷十八〈大曆二年九月三十日〉引浦氏云：「起法跳脫」，考《心解》卷三云：「起法跳脫。客無了時，秋有了時也。一撇一提，提句卻是反勢。下俱在秋去冬來上用意，以一暖一寒分寫，貼夔土氣侯說。」[44] 可見《心解》下文正解釋所謂「起法跳脫」之意，然《詩醇》刪節其文，以致浦說文意不明。

由上可見《詩醇》引用《讀杜心解》的情況與作用，雖然《詩醇》有時未免刪節過當，但基本上可以反映出乾隆館臣重視浦氏的觀點，因而多引其說於《詩醇》之中。值得注意的是，後於《詩醇》，同樣代表官方立場的《四庫全書總目提要》對《讀杜心解》的評價似乎與《詩醇》引用《心解》的情況並不一致，其《讀杜心解提要》云：

> 國朝浦起龍撰。起龍有《史通通釋》，已著錄。此書雖總題六卷，而卷首分上下二冊，不入卷數。卷一分子卷六，卷二分子卷三，卷三分子卷六，卷四分

43 浦起龍：《讀杜心解》，頁 607。

44 浦起龍：《讀杜心解》，頁 559。

> 子卷二，卷五分子卷五，卷六分子卷二，實二十六卷也。自昔註杜詩者，或分體，或編年。起龍是編則於分體之中又各自編年，殊為繁碎，如〈江頭五詠〉以二首編入五言古詩，三首編入五言律詩，尤割裂失倫。其賦及雜文，舊本皆繫卷末，起龍亦散附各詩之後，如〈雜述〉附〈送孔巢父〉詩後，〈秋述〉附〈秋雨歎〉後，〈祭房琯文〉附〈別琯墓〉詩後，〈說旱〉附〈大雨〉詩後，〈封西嶽賦〉附〈贈獻納使田舍人〉詩後事尚相屬。以〈三大禮賦〉附〈贈崔國輔于休烈〉詩後，因詩中有「謬稱三賦在」句，以〈皇甫淑妃碑〉附〈宴鄭駙馬宅〉詩後，因公主為淑妃所生，以〈華州試進士策問〉附〈洗兵馬〉後，因所問乃中興之政，已為牽合。至以〈天狗賦〉附〈靈湫〉詩後，以〈雕賦〉附〈義鶻行〉後，以〈畫太乙天尊圖〉文附〈李道士松樹障子歌〉後，則強綴之甚矣。自有別集以來，無此編次法也。其間考訂年月，印證時事，頗能正諸家之疏舛，而句下之註，漏略特甚。篇末之解，繳繞亦多。又詮釋之中，每參以評語，近於點論時文，彌為雜糅，與所撰《史通通釋》評與註釋夾雜成文者同一有乖體例，殆好學深思之士而不善用所長者歟！[45]

可見四庫館臣對《心解》的體例、編排、注釋多有不滿，並認為浦氏在詮釋杜詩的過程中，常滲入個人評論，令《心解》釋詩的

45 永瑢等：《四庫全書總目》（北京：中華書局，1965 年），頁 1533-1534。

內容甚為雜亂，與其書自身的體例不合，對《心解》的評價並不高。故此，《唐宋詩醇》與《總目提要》兩本同樣代表官方立場的著作，對《讀杜心解》的接受程度似乎並不相同，由於問題複雜，此點當另文再議。

四、結語

總結而言，本文分析了《唐宋詩醇》評選杜詩的內容，指出乾隆館臣的評論主要從《詩》、《騷》等中國文學傳統審視杜詩的價值，又從封建的官方立場出發，重視闡釋杜甫忠君愛國的思想，並對前人説法作出評論。其後，本文重點考察《唐宋詩醇》對清初杜詩注解的引用情形及其對《讀杜心解》的接受情況，認為由於《詩醇》與《心解》皆主尊君愛國的論杜宗旨，故此《詩醇》多引《心解》之説，並對浦説多表認同。另外，本文亦舉例説明《詩醇》引用《心解》的作用，並指出《詩醇》節引浦説的問題，以略補相關研究之未足。

* 本文曾發表於《孫昌武教授八十華誕紀念文集》，天津：百花文藝出版社，2016 年，頁 511-522。

莊存與《毛詩說》初探

一、前言

清代乾、嘉時期，考據學發展達至高峰，學者蜂出，並形成不同派別，如惠棟標榜「漢學」，建立「吳派」；又戴震主嚴密的考證，[1] 創立「皖派」，後段玉裁、王念孫、王引之等皆承戴氏之學，更將考據之學發揚光大，[2] 使清代各種傳統學問，如文字、聲韻、訓詁、校勘等，得到長足的發展。與上述兩派學風明顯不同，有以莊存與為開山祖師的常州學派。梁啟超《清代學術概論》云：「今文學啟蒙大師，則武進莊存與也。存與著《春秋正辭》，刊落訓詁名物之末，專求所謂『微言大義』者，與戴、段一派所取途徑，全然不同。」[3] 又徐世昌《清儒學案》卷七十三〈方耕學案上〉：「方耕於六經皆有撰述，深造自得，不斤斤分別漢宋，但期融通聖奧，歸諸至當，在乾隆諸儒中實別為一派。家學流傳薰陶者眾，猶子述祖及外孫劉逢祿、宋翔鳳輩皆湛深經術，卓然成家，其淵源蓋有自也。」[4] 可見梁、徐二論皆指出莊氏治學之特點，實有別於乾嘉考據之學。

1　關於戴震考據學之內容，可參考漆永祥：《乾嘉考據學研究》（北京：中國社會科學出版社，1998），頁 160-183。

2　參考自梁啟超：《清代學術概論》（上海：上海世紀出版集團，2005 年），頁 28-40。

3　梁啟超：《清代學術概論》，頁 63。

4　徐世昌：《清儒學案》（臺北：世界書局，1962 年），頁 1262。

相較乾嘉考據學之研究，學者有關莊存與經學之討論並不熾熱，重要的成果如蔡長林〈論常州學派研究之新方向〉曾討論不少學者從固有的「今文經學者」的角度分析莊存與經學特點之局限。[5] 又自 2002 年台灣中央研究院舉行兩次「晚清常州地區的經學」學術研討會，其中不少學者都重點研究莊存與著作的內容特點，諸如陳溫菊〈莊存與《周官記》研究〉、馮曉庭〈莊存與的《春秋》學述論〉、陳其泰〈莊存與：清代《公羊》學的開山〉等，[6] 皆從不同角度總結莊氏的經學特色，並指出他在清代經學之地位及其影響。而楊兆貴〈論莊存與經史子兼融之學及其學術淵源——以《尚書既見》對周公論評為研究對象〉則重點分析莊氏之「尚書」學之面貌。[7] 然而在莊氏眾多的著述中，《毛詩說》至今仍未受到學者重視，故本文擬探討莊氏《毛詩說》的學術特點，以見莊氏如何利用《毛詩》發揮其經世之思想。

二、莊存與《毛詩說》之解經特點

莊存與，字方耕，生於康熙五十八年（西元 1719 年），卒於乾隆五十三年（西元 1788 年）。他於乾隆十年會試，為一甲二名，入翰林院授編修，後歷任鄉試正考官、內閣學士、禮部侍郎

---

5 蔡長林：〈論常州學派研究之新方向〉，《中國文哲研究集刊》第 21 期（2002 年），頁 339-370。

6 以上三篇論文皆收入林慶彰主編：《晚清常州地區的經學》（臺北：學生書局，2009 年），頁 153-228。

7 楊兆貴：〈論莊存與經史子兼融之學及其學術淵源——以《尚書既見》對周公論評為研究對象〉，《中國典籍與文化》總第 107 期（2018 年），頁 38-49。

等，並長期擔任上書房師傅，以教育皇子修身及為政之道。[8] 他深於經學，並兼治古今文經。在今文經方面，莊氏重點研究《春秋公羊傳》，著有《春秋正辭》、《春秋舉例》及《春秋要旨》，開啟了《春秋公羊》學成為清晚期經學的研究中心。在古文經典方面，莊氏著有《毛詩說》、《周官說》、《周官記》等，亦希望透過發揮古文經中的「微言大義」以「經世致用」，[9] 而上述莊氏的經學著作後匯集為《味經齋遺書》。

考莊氏《毛詩說》全書共有四卷：卷一選釋「國風」之篇章；卷二選釋「雅」、「頌」之篇章；卷三為「補」，既補充卷一、卷二未討論的篇章，亦有補論前兩卷所選的篇章；卷四為「附」，附入〈楚羨篇集釋〉及〈朱子柏舟詩序辨說正誤〉兩種。莊氏《毛詩說》之解經特點，現分述如下：

1. 選釋《毛詩》之詩旨、句意及字詞

莊氏《毛詩說》並非如前代《毛詩詁訓傳》、《毛詩正義》等一類全釋經文之作品，書中所論之篇章，除卷四〈楚羨篇集釋〉有通釋全詩外，其他多根據莊氏己意，或釋其詩旨，或闡釋詩中部分句意，或訓解個別字詞，內容不一而足，現分述之：

---

8 其生平可參考徐世昌：《清儒學案》卷七十三〈方耕學案上〉。

9 蔡長林教授認為學者純粹從「今文學派」之概念認識由莊存與展開的常州學派未必能全然把握莊氏的經學成就，他指出：「從今、古文經學的立場觀之，存與之學理應是古文學的成份居多。」見蔡長林：〈論常州學派研究之新方向〉，《中國文哲研究集刊》第21期（2002年），頁350-352。

(1) 釋《毛詩》之詩旨

莊氏《毛詩說》其中一個內容重點乃討論《詩》篇之主題，其中或承《毛序》之說法，如〈將仲子〉，據《毛序》云：「刺莊公也。不勝其母，以害其弟。弟叔失道而公弗制，祭仲諫而公弗聽，小不忍以致大亂焉。」[10] 莊氏取《毛序》之說而略加闡釋云：「刺莊公不愛其弟，而以母為辭，陰用祭仲之謀而陽不聽，故斥仲子以風其君。」[11] 亦認為〈將仲子〉一詩乃刺鄭莊公之作，只改《毛序》「祭仲諫而公弗聽」為「陰用祭仲之謀而陽不聽」，文意略異。另一方面，莊氏論詩旨亦有與《毛序》不同者，如〈相鼠〉，《毛序》云：「刺無禮也。衛文公能正其群臣，而刺在位承先君之化無禮儀也。」[12] 認為〈相鼠〉乃刺衛君無禮。然莊氏不取此說，其云：「《白虎通論》曰：『妻諫夫之辭也。』夫婦之道，樂恥共之，生而辱，不如死而榮也。」[13] 考《詩三家義集疏》云：「魯說曰：『妻諫夫也。』」則莊氏從魯說以定〈相鼠〉一篇之旨。

(2) 闡釋、發揮《詩》中之句意

莊氏《毛詩說》亦多闡釋、發揮詩中之句意，如〈北門〉[14]，莊氏云：「『出自北門，憂心殷殷』，憂其危且亂也，惟士無田，

---

10 李學勤：《毛詩正義》(北京：北京大學出版社，1999 年)，頁 279-280。

11 莊存與：《毛詩說》，哈佛燕京圖書館藏光緒八年陽湖莊氏重刻本，卷四，頁五上。

12 李學勤：《毛詩正義》，頁 205。

13 莊存與：《毛詩說》，卷四，頁四上。

14 《毛序》云：「〈北門〉，刺仕不得志也。言衛之忠臣不得其志爾。不得其志者，君不知己志而遇困苦。」見李學勤：《毛詩正義》，頁 171。

則亦不祭。『終窶且貧，莫知我艱』，言不得已而後仕也，道合則服從，不可則去，曰『已焉哉』，不入不居之義也。君，天也，國有斯臣而使不得志以去君，誰與為國矣。《召南》，大夫布政於外，其家人閔其君子而勸以義曰：『何斯違斯，莫敢或遑』，布德施惠，如不及也。衛之政事，方命虐民，固在下位，不拯而隨之，雖竭心以事君，適足增罪戾，而貽患於子孫耳。忠臣良士，直道而行，則其卿大夫，務困以事，而必窮之，將欲回面污行，獨不慙於妻子乎！故其詩曰『王事適我，政事一埤益我。我入自外，室人交徧讁我』，憂國危亂，不計家之有無也。觀魯可以知衛，定、哀之世，詔祿猶周典也。《論語》曰：『原思為之宰，與之粟九百。』衛靈公致司冠之祿於孔子為粟六萬，而況王澤未竭乎？」[15] 可見莊氏於此泛釋〈北門〉詩句之文意，認為「出自北門，憂心殷殷」乃言詩人憂心國家危亂；又「終窶且貧，莫知我艱」，乃言詩人不得已而後仕；又「已焉哉」句，實指詩人不居不入危亂之邦；後文更云「王事適我，政事一埤益我。我入自外，室人交徧讁我」，指詩人只重憂國危亂，而不計家之物資，其解讀均與《毛傳》不同。考其說解，立意實據《論語・泰伯》第五章而來，其云：「子曰：『篤信好學，守死善道。危邦不入，亂邦不居。天下有道則見，無道則隱。邦有道，貧且賤焉，恥也；邦無道，富且貴焉，恥也。』」[16] 其中莊氏言「憂其危且亂」、「道合則服從，不可則去」、「不入不居之義」等均從《論語》此章拈來，反映莊氏雖闡釋〈北門〉詩中句意，然其重點實非解釋詩句

15　莊存與：《毛詩說》，卷一，頁八上。

16　李學勤：《論語注疏》（北京：北京大學出版社，1999 年），頁 104-105。

之本意，而是透過解釋文句，以抒發忠臣事上之道。

又如〈皇矣〉，莊云：「『帝謂文王，予懷明德』，文王有明德，上帝懷之也。『不大聲以色，不長夏以革』，言文王之政，謹好惡以示民，曾不大其聲色而民化也，長之言上也，夏教刑革，官刑不上之者，教易從，政易行也。『不識不知，順帝之則』，夫凡民不識不知也，上之人無明德，則作好作惡，多忌多克，其違帝之則也易。上之明德，如文王則無作好無作惡，不忌不克，其順帝之則也易。不知詩因不知『順帝之則』為文王之民，遂以『不識不知』為文王之德，而異端之學，於是不可辨矣。」[17] 莊氏解釋〈皇矣〉部分詩句之文義，指出詩句之意乃描繪文王盛德，後文更帶出議論，認為「不識不知」非用來形容文王之德，而是用以形容民眾篤誠順天，以從明主之行徑。

（3）訓解詩中部分字詞

除卷四〈楚羨篇集釋〉外，莊氏鮮有通釋詩篇全文字句，而多選釋詩中部分字詞，如〈擊鼓〉：「土國城漕，我獨南行。」鄭《箋》云：「此言眾民皆勞苦也，或役土功於國，或修理漕城，而我獨見使從軍南行伐鄭，是尤勞苦之甚。」[18] 反映鄭氏以「土國」為「役土功於國」，然莊氏云：「土國，土略也。略之內為國，《左傳》曰：『封畛土略，自我父以東，及圃田之北境。』又曰：『封略之內，誰非君土。』既悉四境之內而築城於漕矣。」[19] 可見莊氏引《左傳》以明「土國」即「土略」，與鄭說不同。

---

17 莊存與：《毛詩説》，卷三，頁十二上。
18 李學勤：《毛詩正義》，頁 129。
19 莊存與：《毛詩説》，卷一，頁七上。

又如〈載芟〉:「匪且有且，匪今斯今，振古如茲。」《毛傳》云：「且，此也。」[20] 然莊氏《毛詩說・卷三補》釋「且」字云：「且讀為徂，往昔也。」[21] 考高亨《古字通假會典》收有「且」、「徂」相通之例，如〈溱洧〉:「士曰既且。」《詩經考文》:「古本且作徂。」[22] 又莊氏釋「且」為「往昔」，與下文「今」相對為文，其說有據。再如〈酌〉:「載用有嗣。」莊氏云：「武嗣文，成嗣武，故曰載。」[23] 考《正義》引王肅云：「我周家以天人之和而受殷，用武德嗣文之功。」[24] 而莊氏似用王肅「用武德嗣文之功」之說加以引申，以釋「載」字之義。

另外，〈漸漸之石〉:「武人東征，不遑朝矣。」《毛傳》此句無釋，鄭《箋》云：「武人，謂將率也。皇，正也。將率受王命，東行而征伐，役人罷病，必不能正荊舒，使之朝於王。」[25] 考《正義》云：「王肅云：『武人，王之武臣征役者。言皆勞病，東行征伐東國，以困病，不暇修禮而相朝。』此自王肅之說，毛意無以見其為然，正以《詩》中諸言『不皇』多為不暇，故存其說代毛耳。凡諸侯邦交，有相朝之法。此將率當是王之公卿，不得有相朝之禮。」[26] 可見鄭氏認為詩中之「朝」，乃指幽王令武人出征荊舒，然過程艱辛，未能成功討伐兩國，令其向周天子朝覲。而

---

20 李學勤：《毛詩正義》，頁 1360。

21 莊存與：《毛詩説》，卷三，頁十六下。

22 高亨纂著、董治安整理：《古字通假會典》(濟南：齊魯書社，1989 年)，頁 900。

23 莊存與：《毛詩説》，卷三，頁十七上。

24 李學勤：《毛詩正義》，頁 1370。

25 李學勤：《毛詩正義》，頁 940。

26 李學勤：《毛詩正義》，頁 941。

《正義》引王肅之說，認為王肅將「朝」字，讀為「相朝之法」，即諸侯相交之禮，然《正義》認為奉命出征者當為周天子之公卿，實非諸侯，故不宜以「相朝」釋之。考莊氏云：「『武人東征，不遑朝矣』，軍之夜有常數，爲敹為宰，尚克修之。將不知所備，則不勝擾焉。飢不得食，勞不得息，夜如此，況朝乎？死亡相枕藉，何暇及旦矣。『不遑出矣』，死者過半矣，殆不見敵而盡乎。『不遑他矣』，奔命之書狎至矣，他事日生，僅存之數不已于行，曾不均之息，偃在床者乎。」[27] 可見莊氏以「夜」、「朝」相對為文，實將「朝」字讀為「朝夕」之「朝」，以為上者不知守備，倉卒成軍，並勞逸不均，軍士朝夜不得休息，因而死者多矣，解說與上引鄭、王不同。

以上四例可見，莊氏雖就詩中字詞提出己見，然其中並無嚴密論證，與乾、嘉考據學着重詳列例證以加歸納之分析方法不同，[28] 此亦反映莊氏治《毛詩》不重「訓詁名物之末」的特點。

2. 借《毛詩》抒發作者對政教之議論

魏源〈武進莊少宗伯遺書序〉言：「武進莊方耕少宗伯，乾隆中以經術傅成親王于上書房十有餘載，講幄宣敷，茹吐道誼，子孫輯錄成書，為《八卦觀象上下篇》、《尚書既見》、《毛詩說》、《春秋正辭》、《周官記》如干卷。……君在乾隆末，與大學士和坤同朝，鬱鬱不合，故於《詩》、《易》君子小人進退消長之際，

27 莊存與：《毛詩說》，卷二，頁八下。

28 可參考梁啟超：《清代學術概論》，頁 36-41。

往往發憤慷慨，流連太息，讀其書可以悲其志云。」[29] 可見莊氏長期擔任「上書房師傅」，以教育皇子為己任，其所著的經學著作實為莊氏教授皇子之教材。而在魏源的論述中，特別指出莊氏利用《詩》、《易》兩種著作發明深意，而其所謂「詩」當指莊氏《毛詩説》一書。而徐世昌《清儒學案》卷七十三〈方耕學案上〉亦云：「《詩》則詳於變雅，發揮大義，多可陳之講筵。」[30] 亦可與魏氏之言相參。

如上所言，《毛詩説》雖有解釋詩旨及詩中部分文句，然書中更多的是透過詩句引發莊氏本人對聖賢、政教、禮俗之看法，以啟導皇子建立正確的政治、修身的觀念。學者陳溫菊〈莊存與《周官記》研究〉言：「至於《毛詩》之作，則是體現詩人憂周道衰微之心，以歌頌文武聖王之風、周公純臣之德，欲啟世人求治之心。」[31] 正指出莊氏《毛詩説》議論之重點，現取顯例加以說明如下：

（1）君主待臣之道

《毛詩説》卷二〈裳裳者華〉條云：「昔呂望釣渭陽之濱，文王載與俱歸，立為大師，遂王天下，故創業之君，開心見誠，其大臣將相皆有握手之歡，下至庶人亦得進見，從容有以自效，是以功成行立，而祿及其子孫也。守文之君，上下之際，緣飾文采，禮節有餘，雖無以大慰天下之心，而功臣子孫恩澤之數，亦

29 魏源：《魏源集》（北京：中華書局，1976 年），頁 237-238。

30 徐世昌：《清儒學案》（臺灣：世界書局，1962 年），頁 1262。

31 陳溫菊：〈莊存與《周官記》研究〉，載林慶彰主編：《晚清常州地區的經學》，頁 183。

續舊而不廢，洎乎苗裔，既遠隆替不常，猶得衣食，租稅具鈞，馴以會朝，事不棄絕也。」[32] 考《毛序》云：「刺幽王也。古之仕者世祿。小人在位則讒諂並進，棄賢者之類，絕功臣之世焉。古者，古昔明王時也。小人，斥今幽王也。」[33] 可見〈小序〉認為該詩乃刺周幽王昏庸無道，親小遠賢，使政治敗壞，然莊氏沒有取用〈小序〉刺幽王的詩旨，亦沒有針對〈裳裳者華〉之內容作解說，而從其他角度抒發議論，認為君主當誠心禮待臣子，其中開國之君當與臣下交心莫逆，而守成之主則應從禮節禮待大臣，以使朝政清明。

（2）為政當親賢遠小

《毛詩說》卷二〈召旻〉條云：「禍亂天時也，亦奚獨多慮？幸見一二人，落然猶在國家，向所設之要地，當不遽為眾小人之所食，縱天意未可回而顛覆既至，僅得斯人猶望，其或持危而定傾也。夫天子之朝，公卿凡幾位，世祿凡幾族，誠未易一二數，雖小人能空人之國，而地非見偪，權非見陵，則尚將姑存之，乃復有窶陋嵬瑣之人，容頭過身，交相妨占，鐘鳴漏盡而不休，突決棟焚而不悟，天禍方酷，必使救之者竟無一人而後止。詩人既傷蟊賊昏椓之召災，而不能不歎息痛恨於彼疏斯粺之空人國也。夫所慮者，豈復依斟流彘之所能塞乎。」[34] 據《毛序》云：「凡伯刺幽王大壞也。旻，閔也，閔天下無如召公之臣也。旻，

32　莊存與：《毛詩說》，卷一，頁四下。

33　李學勤：《毛詩正義》，頁 859。

34　莊存與：《毛詩說》，卷二，頁十一上。

病也。」[35] 則〈小序〉認為該詩乃凡伯刺周幽王之作，然莊氏亦沒有從此背景出發，反而抒發君主當小心察視小人，以防備朝政敗壞，並認為為政者當防微杜漸，不可姑息小人，此亦是莊氏借詩篇抒發政論之顯證，而非單純地解釋詩意。

(3) 行賞於天下

《毛詩說》卷二〈瞻彼洛矣〉條云：「一章曰『君子至止，福祿如茨』，言賞善也，封建五等，以惠及臣庶，而蕃育其子孫，其所儲大矣。又曰『韎韐有奭，以作六師』，黜殷，伐管蔡，踐奄，滅淮夷，四征不庭，而未嘗有行陳銜枚之事。二章曰『君子至止，鞞琫有珌』，言其再至，則有武備而不用也，安人以自安，不危人以求安，故能保其家室，世世子孫，慈孝相承，而禍亂不作也。三章曰『君子至止，福祿既同』，至是則盡去罰而專行賞也，以天下之大而比戶皆可封矣。始也行罰甚簡，而君子固有所不忍。終也行賞甚博，而天下後世莫見其僭，明足以見之，仁足以與之，為天下若一家，慮萬年若一日也。」[36] 考〈小序〉云：「刺幽王也。思古明王能爵命諸侯，賞善罰惡焉。」[37] 又《正義》：「經三章，皆言爵命賞善之事。既能有賞，必當有罰，故連言罰惡耳，於經無所當也。」[38] 莊氏於此亦不從〈小序〉「刺幽王」說發揮議論，而於「賞善罰惡」方面加以闡發，認為該詩不同的詩句皆在闡發明王為政之手段，即賞賜臣民，並主張以武備防備

---

35 李學勤：《毛詩正義》，頁 1264。

36 莊存與：《毛詩說》，卷二，頁四上。

37 李學勤：《毛詩正義》，頁 855。

38 李學勤：《毛詩正義》，頁 855。

奸人作亂，甚者更可盡去刑罰而專行賞賜，以盡得天下人心，可見莊氏實借詩句發揮其政治理念。

(4) 取民有道

《毛詩說》卷二〈鴛鴦〉條云：「王者享海內之奉，目視備色，耳聽備聲，口極滋味，四支極安佚，自公侯至於庶人，自山川至於草木昆蟲，莫不一制其命，凡所以飾喜怒，致哀樂，有禮有樂，有兵有刑，幾動於此，而人物群生之存亡繫焉。深宮之中，不見其形，不聞於聲，而意喻色授，奔走震動，恒及四荒，萬里之外，共御者至尠，勞費者至多，一人之身，所以自養者大，下財殫力逋而弗能勝也。鳥亂於上，獸亂於野，魚亂於淵，含生之類，莫盡其氣，其所以由上失其道也。夫以匹夫編戶之民，皆得專取於百物以養生送死，而不謂過等，而上之位加尊，取加多，苟能心惻於勢，分之所及，而矜全既其實，鬼神猶將降之以福，而況王者之富貴，巍巍如此，而一小物必察取之時用之節，如天道之信，而公卿逮于庶人，不敢私意損益以覬悅於上，則其仁愛，函覆萬萬億億，不能盡其數，而福祿如之矣，故其詩曰『鴛鴦於飛，畢之羅之。君子萬年，福祿宜之』，蓋信乎其宜之也。」[39] 據《毛序》：「刺幽王也。思古明王交於萬物有道，自奉養有節焉。」鄭《箋》云：「交於萬物有道，謂順其性，取之以時，不暴夭也。」[40] 莊氏未有取〈小序〉刺幽王之說加以發揮，反而於「交於萬物有道」及上位者「自奉養有節」兩點上

39 莊存與：《毛詩說》，卷二，頁四下至頁五上。

40 李學勤：《毛詩正義》，頁 864。

引發議論。莊氏認為為政者當恭行節儉，取民以時，否則容易影響民生，並應多體恤民情，以仁愛治民。可見莊氏之論非要討論〈鴛鴦〉之詩意，而是借其詩句議論為政之道。

(5) 闡發《詩》之禮意

《毛詩説》卷二〈伐木〉條云：「燕禮與四方之賓，燕辭曰『寡君有不腆之酒，燕以酒為主也。』〈大宗伯〉『以飲食之禮，親宗族兄弟』。釃酒飲也，八簋食也，同姓數，異姓疏，肥羜，致其味也。肥牡，盛其儀也。陳饋八簋，上客也。眾賓皆有籩豆，同姓尚恩也，異姓尚敬也，兄弟尚睦也。諸父諸舅，速兄弟戒之而已。無酒酤我，得時之暇也。難酤以足之，湑為主也。燕禮有膳有散，旅酬無不徧者，重言我者，情文之盡，不在下而在上也。」[41] 考《毛序》云：「燕朋友故舊也。自天子至於庶人，未有不須友以成者。親親以睦，友賢不棄，不遺故舊，則民德歸厚矣。」[42] 莊氏承《毛序》「燕朋友故舊」之旨，進而引用《儀禮・燕禮》及《周禮・春官宗伯》之文字，說明燕禮之義，後文更泛論〈伐木〉詩句文義，顯示主賓共歡，上下融洽之場景。

又如《毛詩説》卷三〈漢廣〉條云：「《士昏禮》親迎墨車二乘，必自秣其馬也。東漢世衰，鄭君亦鄙且薄矣。(《箋》云：「謙不敢斥其適已。」) 禮之不可犯，再三歌之，不易一辭，人心如此，是之謂王化之基，其變為〈桑中〉亦不易一辭，故曰『政散民流，而不可止』。」[43] 考〈漢廣〉云：「之子於歸，言秣其馬。」

---

41 莊存與：《毛詩説》，卷二，頁一上至頁一下。

42 李學勤：《毛詩正義》，頁 576。

43 莊存與：《毛詩説》，卷三，頁三上。

鄭《箋》云：「之子，是子也。謙不敢斥其適己，於是子之嫁，我原秣其馬，致禮餼，示有意焉。」[44] 按莊氏引《士昏禮》「親迎」之禮，指出士自養其馬以作親迎，實理所當然，當與「謙不敢斥適已」無關，[45] 故認為鄭氏所釋有誤。又《毛序》言：「德廣所及也。文王之道被於南國，美化行乎江漢之域，無思犯禮，求而不可得也。」[46] 即為莊氏下文「王化之基」所本，莊氏於此強調「禮」為為政之本，若為政者不重「禮」，乃使〈桑中〉所刺衛國「淫奔」之風盛起，令世俗衰敗，可見莊氏從〈漢廣〉出發，着重闡發〈漢廣〉詩中之禮意。

(6) 注重后妃之德

《毛詩説》卷一〈關雎〉條云：「君子之德，天德也，説而樂之，順以承天也。后妃敬事君子，惠及嬪婦以聽內治，以章婦順，無不諧和。《傳》謂『此也淫，過也，不淫其色，』絕未萌之欲也，慎守之嚴也，固守之密也。莊敬和樂，無間可入也，幽含其美也，深宏其中也，美在其中，黃裳之德也。可得而見者，若〈關雎〉之有別也。《易》曰『貫魚以宮人寵，無不利』，賢相治外，多士升朝，賢妃治內，微妾進御，以示恩也，以求助也，非以啟寵也，以共職也。士不惟其能，惟其德，女不惟其色，惟其賢，所以修潔百物，協和神人也。『參差荇菜，左右流之』，內職修也。『窈窕淑女』，本之於后妃，言取人以身也。『寤寐求之』，

44 李學勤：《毛詩正義》，頁 55。

45 按：上文莊氏所引《箋》文有誤，作「謙不敢斥其薄矣」，當作「謙不敢斥其適已」。

46 李學勤：《毛詩正義》，頁 52。

心志專而神明生也。『求之不得』，如將失之也。『寤寐思服』，無時自釋也。『悠哉悠哉』，不知其長也。『輾轉反側』，不知其勞也。」[47] 考《毛序》云：「〈關雎〉，后妃之德也。」《正義》云：「此篇言後妃性行和諧，貞專化下，寤寐求賢，供奉職事，是后妃之德也。二《南》之風，實文王之化，而美后妃之德者，以夫婦之性，人倫之重，故夫婦正則父子親，父子親則君臣敬，是以《詩》者歌其性情。」[48] 可見莊氏承用《毛序》之說法，亦以后妃之德的角度解讀此篇，認為君主當嚴選賢妃以輔內政，從而令夫婦和睦，妃妾恭職，內庭大治，以作為政之本。

又《毛詩說》卷二〈車舝〉條云：「舝不設則車不行，賢女不至，則君德不成，急禮誼如食飲矣。旦夕來會，則君可悟，國可興矣，天下豈復有如褒姒者乎！縱不望若先后之德，君可以生易死，國可以存易亡，亦庶乎安且喜焉！賢女之產名族，若文雉之集茂林也，往而求焉，寧遂無其人乎？好德不厭，固忠臣之上願也。」[49] 考《毛序》云：「大夫刺幽王也。褒姒嫉妒，無道並進，讒巧敗國，德澤不加於民。周人思得賢女以配君子，故作是詩也。」[50] 可證莊氏認為國君當以褒姒為戒，而應求賢德之女為妃，使其掌後宮之政，從而令國家暢順，其觀點可與上例相參，亦可證后妃之德實為莊氏《毛詩說》議論之重點。

以上六例，可知莊氏《毛詩說》常借《詩經》帶出議論，以抒發個人對政教之看法，反映其「經世致用」之治經特點。

---

47 莊存與：《毛詩說》，卷一，頁一上至頁一下。
48 李學勤：《毛詩正義》，頁 4-5。
49 莊存與：《毛詩說》，卷二，頁六下。
50 李學勤：《毛詩正義》，頁 871。

三、結論

總結而言，本文初步討論了莊存與《毛詩說》之內容特點，並選取顯例指出《毛詩說》解釋《詩經》之方式。而本文亦指出《毛詩說》雖重視說解《詩經》的詩旨、文句及篇中部分字詞，然相較乾嘉時期戴、段、二王嚴謹的考據學，莊氏的見解其實並不嚴密，謬誤及可補充之處頗多。另一方面，因莊氏長期擔任皇子師傅，與莊氏其他經學著作的宗旨相同，《毛詩說》亦多透過說解《詩經》帶出莊氏對政教修身之看法，以作為培養皇子的具體教材，顯示出莊氏「經世致用」的治經特點。然本文只是對《毛詩說》作一初步研究，至於《毛詩說》與莊氏其他經學著作之關係，以及《毛詩說》與莊氏今古文經學背景之關係，仍有待深入探討。

＊ 本文曾宣讀於 2019 年 7 月香港中文大學新亞書院、中國語言及文學系、香港中文大學 - 北京語言大學漢語語言學與應用語言學聯合研究中心合辦之「清代乾嘉學術與科學思想國際研討會」。

論吳慶坻《悔餘生詩集》之遺民意識

一、前言

吳慶坻為清末民初著名詩人，晚年經歷國變，心懷故國，在進入民國後多以舊體詩作抒發胸懷，因而其晚年詩作多處顯示作者之遺民意識。王德威曾為「遺民」及「遺民意識」兩者下定義，他指出：「遺民的本義，暗示一個與時間脱節的政治主體。遺民意識因此指向事過景遷、悼亡傷逝的政治、文化立場。」[1] 此説簡明扼要，極具參考價值，但並非針對「清遺民」而發。而林志宏則嘗試歸納「清遺民」之特質，其云：「首先最根本的前提，是這群人至少在民國建立後，對遜清宗室仍舊懷抱忠誠的態度。從心理層面而論，遺民僅認定對一家一姓的效忠，拒斥對『多數眾民』（或代表『多數眾民』的總統）的效忠。……另外，若能加以擴大瞭解他們的動機，有時也非全以忠清為滿足。充分釐清這樣的心態，卻是第二項前提：清遺民相當反對民國的政治體制。即言，他們內心厭惡民主共和的政治理念與價值。」[2] 明顯林氏是

1　王德威：〈序・開往南洋的慢船〉，載高嘉謙：《遺民、疆界與現代性：漢詩的南方離散與抒情（1895-1945）》（臺北：聯經出版事業股份有限公司，2016 年），頁 5。

2　林志宏：《民國乃敵國也——政治文化轉型下的清遺民》（臺北：聯經出版事業股份有限公司，2009 年），頁 27。關於「遺民」及「遺民意識」的論述及相關研究成果，可參考高嘉謙：《遺民、疆界與現代性：漢詩的南方離散與抒情（1895-1945）》，頁 28-37。

從「遺民」的角度分析他們主觀的心態，以作「清遺民」之定義。而林氏同時亦指出「遺民」這階層實由「社會建構」製造出來，為「他者社群的壓迫力量下而產生」。[3]綜合上述兩說，吳慶坻似可被定義為一位典型的忠清「遺民」，因他忠於清室，在避地上海後一直隱居，「凡徵辟皆不至」，由此獲其他清遺民之敬重。又他在《悔餘生詩集》中多處表示對清帝、清朝之懷念，並對其他忠清遺民表示欣賞，凡此皆表現出他「悼亡傷逝的政治、文化立場」，故此，「遺民」角度實為分析吳氏詩作重要的切入點。

有關吳氏詩作之研究，重要的著作如：胡曉明以繫年形式整理吳氏部分詩作，並對當年重要的文學事件作為背景加以描述，但其著作未有函括吳氏所有詩作；[4]林志宏則從宏觀角度勾勒清遺民在民國以後的活動、心態及政治見解，以反映中國由傳統進入現代時產生的複雜情形，其中部分論述及注釋曾提及吳氏的生平與活動，但未有具體説明吳氏的詩作及其遺民的心態；[5]又朱興和重點研究「超社」、「逸社」兩個文學團體中的作家群體，其中略為提及吳氏與其他清遺民的活動，但較少論及吳氏《悔餘生詩集》的作品；[6]另外，常宇鑫〈吳慶坻小傳〉則主要研究吳氏之生平，尤詳於吳氏應考科舉的細節，對於吳氏晚年的心態及其

---

3 林志宏：《民國乃敵國也——政治文化轉型下的清遺民》，頁27-29。

4 胡曉明：《近代上海詩學繫年初編》（上海：上海教育出版社，2003年），頁102-355。

5 林志宏：《民國乃敵國也——政治文化轉型下的清遺民》（臺北：聯經，2009年），頁68及頁170。

6 朱興和：《現代中國的斯文骨肉——超社逸社詩人群體研究》（上海：上海三聯書店，2014年），頁246-320。

文學創作只有概略之介紹。[7]以上可見，吳氏的詩作仍未引起學者重視，故本文欲詳論吳氏《悔餘生詩集》之遺民意識，以略補前人研究之未足。

二、論吳慶坻《悔餘生詩集》中的遺民意識

吳慶坻，字稼如，一字敬疆，生於清道光二十八年（即西元 1848 年），其生平事跡主要見於由姚詒慶所撰之〈湖南提學使吳府君墓誌銘〉。根據銘文所述，吳氏於「光緒丙子，舉於鄉」，「丙戌，成進士」（即光緒十二年，西元 1866 年），後任四川學政、湖南學政及湖南提學使等要職，而卒於 1924 年。[8]

吳氏著作頗豐，尤精於歷史地理之學，曾參與修撰《杭州府志》、《浙江通志》等。他又精於詩文，著有《補松廬詩錄》、《補松廬文稿》、《蕉廊脞錄》等，其詩作更得到當時人稱許，如汪辟疆《光宣詩壇點將錄》即評其「詩筆亦勁舉，卓然大家」。[9]

在辛亥革命後，滿清政權瓦解，吳氏「乃移家至滬上」，避地上海。由於上海在 1843 年之後已逐漸形成上海租界，中國軍隊不能隨便進入，令前清遺臣得到一個較安全的環境生活。不

7 常宇鑫：〈吳慶坻小傳〉，見卜永堅、李林主編：《科場・八股・世變——光緒十二年丙戌科進士群體研究》（香港：中華書局（香港）有限公司，2015 年），頁 228-253。

8 以上吳氏之生平，參考自常宇鑫：〈吳慶坻小傳〉，載卜永堅、李林主編：《科場・八股・世變——光緒十二年丙戌科進士群體研究》，頁 228-253。

9 王培軍：《汪辟疆光宣詩壇點將錄箋證》，華東師範大學古籍研究所博士論文 2006 年，頁 347。

單止吳氏，〈湖南提學使吳府君墓誌銘〉還特別提出「金壇馮煦、嘉興沈曾植、貴筑陳夔龍、番禺梁鼎芬、恩施樊增祥等」[10] 亦以上海為安身之所。而據朱興和之研究，遺臣所居之地往往極為相近，因而常有往來，後來更成立了「超社」及「逸社」之文學團體，「為文字之聚」。[11] 由於吳氏晚年經歷巨變，親身見證清朝覆亡，深懷亡國之悲痛，而其「悔餘生詩」全在「辛亥後所作」，即在此國破家亡的背景下寫成，故詩中不乏吳氏清遺民之意識，藉以抒發其忠清之志。

《悔餘生詩集》共五卷，乃吳氏死後由其子吳士鑑所編。《詩集》前有馮煦及余肇康兩〈序〉，說明吳氏為人及其詩作之特色。其中馮煦〈悔餘生詩序〉云：

> 補松同年，篤雅有節，異於今之翕翕熱者。往值西清，數共遊衍。君於學靡不窺而尤善詩。辛亥而後，棲遁淞曲，蹤跡益密，無五日不見者，數賦詩相唱詶，以寫其天局地脊，鬱伊無憀之懷。既君歸隱杭州，詩筒往復，月或一二至。予歲必遊湖上，君亦撰杖於水淪風漪之鄉，以樂潛志。君嘗與予論詩云：「所貴乎詩者，率吾之真與其身世所遭，曲以導之，沈摯以宣之，蘄與古作者相符契，若今之治詩者，祧唐

10 汪兆鏞：《碑傳集・三編》(臺北：大化書局，1984 年)，頁 4207。

11 這些「文字之聚」，如 1915 年，遺民們以「異鄉偏聚故人多」為詩題加以唱和，吳氏亦有以詩應和，見《悔餘生詩集》卷三〈庸庵以《兩當軒集》中「異鄉偏聚故人多」句用轆轤體為詩五章索和次韻答之〉，此事的詳情可參考朱興和：《現代中國的斯文骨肉——超社逸社詩人群體研究》，頁 218-220。

祖宋，務為奇澀幽怪，上奪西江黃陳之席，或曼衍其辭，出入玄釋，若可解，若不可解，以簧鼓聾俗，之二者，匪唯不能，為亦不欲為。」凡君所言，雅與予合，間有所作，輒就君繩削，庶幾不媿其言。曾不數歲，而君之宰木拱矣。君之詩初刻六卷，世既誦而習之。沒之二歲，長君絅齋館丈復裒其辛亥後所作，為〈悔餘生詩〉五卷，督予弁其簡端。於戲！大雅不作，競尚新體，求如前所論，二者已邈乎不可復得，況君之醇雅沖和，一軌於正者哉！迺舉君論詩之旨，以復絅齋，且詔後之讀君詩者知所則焉。丙寅夏至前一日，金壇馮煦時年八十有四。[12]

引者案：「補松」為吳氏的別號。據〈序〉文所述，吳氏、馮氏同因避難而移居上海，故此兩人時相往來，見面時常以詩作互相贈答，而詩的主題多「寫其天局地脊，鬱伊無憀之懷」，即國變後的悲痛。他們亦會利用見面的機會討論作詩之法，據馮氏所言，吳氏認為詩作當反映詩人自身之感，並當以含蓄蘊藉之法抒之，他更反對時人刻意學習唐、宋，使詩作「奇澀幽怪」，令讀者不明其意。而馮氏認為吳氏本人之詩作「醇雅沖和」，得古詩之要，而文中謂「率吾之真與其身世所遭」，其實就是指吳氏將國變後的經歷與其遺民之心態一一發之於詩作中。

---

12 馮煦：〈悔餘生詩序〉，載吳慶坻：《悔餘生詩集》（民國十五年鉛印本），收入清代詩文集彙編編纂委員會編：《清代詩文集彙編》（上海：上海古籍出版社，2015 年），第 770 冊，〈序〉，頁一（總頁 309）。

又余肇康〈序〉言：「大氐君詩不名一家而探討漢魏，復出入昌黎、眉山間，神味淵懿，自然訢合，考亭所謂詩以理情性，蓋深得之，晚遘奇變，天地崩坼，幽憂沈痛，一以寓之謳吟，風雨如晦，雞鳴不已，每一展讀，蘭蕙薜荔，悱惻無窮，猥以相知之深，但舉平生風誼，放佛一二著於篇，以塞絅齋之悲。」[13] 可見余氏亦重點闡釋吳氏詩作之風，認為其與漢魏詩、唐韓愈、宋唐庚等詩風相似。與馮氏相同，余氏認為吳氏的詩作能反映作者的性情，特別在國變後，其詩作如屈原《楚辭》般，充滿對君主、國家的思念，令到同為遺民的余氏深受感動。

以上所見，馮、余二氏論及吳氏詩作時，均從「遺民」角度，肯定吳作有直抒故國之悲慟，從而反映作者情性的特點，而其詩作之「遺民意識」主要表現如下：

1. 常以詩作回憶往事，進而描寫今昔處境之差異

上引馮煦〈悔餘生詩序〉云：「君嘗與予論詩云：『所貴乎詩者，率吾之真與其身世所遭，曲以導之，沈摯以宣之，蘄與古作者相符契。』」可見吳慶坻作詩主張將自身的身世及感情投入詩作之中，並以委婉含蓄之法把這種身世之感表達出來。由於吳氏晚年經歷國變，故此在《悔餘生詩集》中，吳氏有不少詩作都回憶前代往事，或透過寫景抒發朝代更替、物是人非之感概，如卷五〈甲子元日〉：

---

13 余肇康：〈悔餘生詩序〉，載吳慶坻：《悔餘生詩集》（民國十五年鉛印本），頁一（總頁 309）。

元運重逢甲子年，溯從韶齒到華顛。
栖栖身世千磨折，莽莽河山幾變遷。
蓬户盡知仍漢臘，綵毫曾記頌堯天。
歲朝春好爭誇説，擊壤吟成且醉眠。[14]

詩題之「甲子」年，即民國十三年（西元1924年），此為吳氏人生最後的一年。吳氏在此年的元日回憶起六十年前，即前一個「甲子」年的情形，據其自注云：「同治三年甲子，余年十七。」[15]可見當時吳氏正值壯年，仍身處清朝的統治，然而六十年後，他卻親身經歷亡國之痛，即詩中所謂「身世千磨折」、「河山幾變遷」。而後文的「漢臘」為漢代祭祀的名稱，吳氏用此一術語指出，縱使現在已是民國，但他仍會知曉清代之祭祀，以表達出其對前朝的忠誠，充滿遺民的感慨。此詩可與同卷下一首〈追憶前甲子在京師事復成二律書感〉並觀，其詩云：

作賦年華入洛時，捷書兩見報紅旗。
詞臣爭獻河清頌，良吏能裁賊退詩。
在昔威弧同讋慄，於今炎作痛淪移。
遷流六十年來事，誰識先朝老拾遺。[16]

承〈甲子元日〉一詩，吳氏在〈追憶前甲子在京師事復成二律書感〉更具體憶述前朝往事，自注云：「同治甲子初入京師，是歲杭州、金陵先後克復，紅旗報捷，實親見之。」[17]吳氏指當

14 吳慶坻：《悔餘生詩集》，卷五，頁二十九下（總頁372）。
15 吳慶坻：《悔餘生詩集》，卷五，頁二十九下（總頁372）。
16 吳慶坻：《悔餘生詩集》，卷五，頁二十九下（總頁372）。
17 吳慶坻：《悔餘生詩集》，卷五，頁二十九下（總頁372）。

時初入京師，即親聞清軍重奪太平天國所侵佔的杭州、金陵的捷報。吳氏另一首〈樊山秋夕菜香居之作索和久矣善病廢吟歲闌積感乃為長歌答之〉亦云：「我年十七賦帝京，眼見紅旗入禁城。」[18]亦指此事。[19]然而六十年後，在同一「甲子」歲，吳氏所看到的卻是國祚「淪移」之事實，詩中並以「先朝老拾遺」稱呼自己前朝遺臣的身份，以抒深懷故國的悲憤。這種對往事的回憶，同時亦見於卷三〈出拱宸橋〉：

回頭六十年前事，家國茫茫恨未窮。
把酒問天天亦醉，拱宸橋外月朦朧。[20]

吳氏自注云：「咸豐丙辰隨侍家大人入秦艤舟拱宸橋下，今以辟地復出此橋，蓋忽忽六十年矣。」[21]指出當清遜國後，吳氏避難他方，後得以重遊位於杭州的「拱宸橋」，由此憶起咸豐六年（西元1856年），他陪同父親吳春傑一同泛舟拱宸橋下之情形，然景物雖依舊，但滿清卻滅亡，光榮不再，吳氏唯有在酒醉之中遠眺橋外之景，由此抒發其物是人非的感慨。

2. 吳氏的忠節觀與其《悔餘生詩集》

林志宏指出不少清遺民透過文字書寫表達自我認同，這些文字包括詩文創作、歷史著作等，林氏在其著作中特別舉出《清

18 吳慶坻：《悔餘生詩集》，卷一，頁十六上（總頁319）。
19 吳氏在該詩自注云：「同治甲子初入京師，會杭州、金陵克復，兩次紅旗報捷。」吳慶坻：《悔餘生詩集》，卷一，頁十六上（總頁319）。
20 吳慶坻：《悔餘生詩集》，卷三，頁二十五上（總頁347）。
21 吳慶坻：《悔餘生詩集》，卷三，頁二十五上（總頁347）。

史稿》、《元廣東遺民錄》、《碑傳集三編》及方志等，以反映遺民如何利用書寫顯示其政府意識。[22] 其實，吳慶坻亦具有相同的傾向。在辛亥國變後，吳氏著有《辛亥殉難記》以記清朝遜國之際，因清政權而遇害的人物，吳氏以「殉難」命名其書名，已極有忠清的情懷。王先謙〈辛亥殉難記序〉云：

> 辛亥歲，湖北新軍之變，總督瑞澂棄城登舟，御史臺環請拿問攝政未允，由是長沙江甯督撫相率遁走，勢不能再下嚴詔，徇一己之私心，廢祖宗之成法，與自棄其國何異？光緒中，國病亟矣，而度支之困，虐不及民，威柄猶存，人心未去，得其道而御之，誠臣誼士方將引而愈出，用而不窮，如咸同時可決也，何止如提學所記，百數十人也哉！記中如陸巡撫之一門節義，謝總兵之忠憤捐軀，皆第一流人物，其餘舍生取義，足光史冊，當茲時事推移，斯文垂喪，洵不可少之書也。後之人觀人才與世運相維繫之故，亦不能無感也夫。[23]

可見吳氏這一著作牽動了不少清遺民之感慨，認為書中所記全是忠義兩全之人物，與當時棄城而逃的守將形成極大的對比。不獨討賊死守的將士得到表揚，書中更有〈列女傳〉及〈列女表附〉，讚賞以死反抗叛變的婦女。由此可知，吳氏反覆表示他認為能以

---

22 林志宏：《民國乃敵國也——政治文化轉型下的清遺民》，頁 131-178。

23 吳慶坻：《辛亥殉難記》(臺北：成文出版社，1968 年)，〈序〉，頁一 (總頁 13)。

死殉國的人才值得尊敬，然而吳氏本人卻未能以死報國。[24] 故學者指出吳氏以「悔餘生」命名其詩作，原因是他「以未能殉節清廷而悔其餘生」，[25] 結合吳氏在上述《殉難記》所反映的節義觀，這種見解極為正確。

在《悔餘生詩集》卷五中，即有詩作提及《殉難記》，其為〈以《辛亥殉難記》寄世臣〉：

乾坤方墋黷，江海獨悲涼。
哀怨歌山鬼，空文慰國殤。
傳聞辭或異，罪我語何傷。
微尚邀天鑒，橋陵涕泗滂。[26]

吳氏以「墋黷」，即混沌不清，描寫清亡後之社會狀況，又以「悲涼」形容遺臣之心情，後文更以《殉難記》比作《楚辭・九歌・山鬼》及〈國殤〉，向為國家捐軀的烈士致敬。吳氏更於此詩自注云：「梁節庵師傅今年祭崇陵，具疏代呈此書並焚於陵下。」[27] 指出他以《殉難記》作為梁鼎芬於崇陵祭祀的祀品，令此書政治象徵更為突出。

另外，吳氏《悔餘生詩集》亦有不少詩作頌讚「節婦」，如卷五〈何烈婦詩〉：

24 又吳氏死後，其子吳士鑑「手編遺稿，分類纂緝，為《蕉廊脞錄》八卷」，其中卷三為「忠義」，亦多錄吳氏所聞當時忠義之士的生平梗概，亦可見他傳統的「忠節」觀。

25 轉引自常宇鑫：〈吳慶坻小傳〉，頁 251。

26 吳慶坻：《悔餘生詩集》，卷五，頁二下（總頁 358）。

27 吳慶坻：《悔餘生詩集》，卷五，頁二下（總頁 358）。

烈婦周氏，會稽何祖蔭妻，舅姑蚤亡，事叔舅姑維謹，事祖蔭相敬愛。光緒丙午三月，祖蔭客死上海，婦痛甚，家人知其萌死志，偵之嚴，不得間。久之，稍弛。一夕，婦遽仰藥死，七月十六日也，檢医中得遺札四及自挽聯句一、詩一，其訓遺孤書曰：「事長宜敬，持身宜謹，擇交宜慎，率下宜勤，反是，則貽父母羞。」又曰：「叔祖視我厚，他日爾立，勿忘報，吾平生最惡負恩人也。又命速葬，毋惑形家言。」嗚呼！可謂賢明婦人矣。婦名韞貞，字素貞，山陰周亦韓女。

婦死節如臣死忠，人綱卓立天地通。
遺札告別語不窮，間以諧語何舂容。
十年為婦心自苦，葱葱撒手歸黃土。
上無尊章下有兒，餘生一舍甘如飴。
婦死不死心一寸，屬望遺孤補遺恨。
平生所惡人負恩，片言裂石諸天聞。[28]

全詩表揚婦人周韞貞為痛失丈夫何祖蔭而自殺的行徑，詩序與詩的內文互為呼應。詩首句「婦死節如臣死忠」，顯示出吳氏將此節婦自裁看成忠臣死節的行為，如果結合吳氏《殉難記》所反映的忠節觀，可以推測吳氏對節婦的欣賞，實際上是他對忠臣賞識之投射。若再連繫上述《悔餘生詩》之命名原因，與此詩言「餘生一舍甘如飴」之語句，則更能反映吳氏對自己不能以死效國的悔恨與感慨。

28 吳慶坻：《悔餘生詩集》，卷五，頁十五上至下（總頁365）。

3. 以詩作讚揚忠清遺民，並據以抒發對前朝之思念

吳氏避地上海後，先後加入「逸社」、「超社」等由遺民詩人所組成的文學團體，其中與其他遺民有大量詩作交往，或以詩自娛，或追思前人，或慶賀壽辰，或互問近況，從中抒發亡國之悲，並表示對其他遺民處境之關懷，如卷五〈蒿庵重來湖上年八十而神觀不衰將還寶應以詩送之〉及〈寄贈番禺汪曝吾兆鏞〉，乃吳氏與馮煦、汪兆鏞兩位遺民的詩作往還，其餘還有陳夔龍、勞乃宣等，多不勝數。

然吳氏不獨與移居上海的清遺民聯絡，亦與身處他地的忠清之士時以詩文交往，其中一位最具代表性的人物就是梁鼎芬。林志宏指出民國後，清遺民多以「奉安典禮」、「萬壽祝嘏」、「獻金」等活動，抒發其忠清的情懷，而梁鼎芬為光緒皇帝守陵，並向遺民籌款於崇陵種樹，以表達其對光緒帝及清廷之忠誠，這可算是在眾多遺民活動中最有政治意味之舉動。梁氏在崇陵祭祀之際，都會以所得供品分諸其他清遺臣，[29] 後更以書信、詩文與他們聯絡，以示對前朝之重視，因而吳慶坻亦常與梁氏通訊。

在《悔餘生詩集》卷三中收有吳氏寄給梁氏的一組詩，其詩題為「節庵提刑於乙卯孟陬徧謁東西諸陵旋奉詔涓吉種崇陵樹株謹賦四詩奉寄」。首先，這詩題不用民國紀年，而用干支表達年份，即反映吳氏的政治傾向。而「乙卯孟陬」年，為西元 1915 年春，當時吳氏為了稱讚梁氏忠臣的行為而寫下此四首詩，其文如下：

---

29 林志宏：《民國乃敵國也——政治文化轉型下的清遺民》，頁 101-107。

其一

軒臺王氣鬱崚嶒，雲護燕山十七陵。

聖德神功千祼在，積陽凝望大東升。

其二

司香寥落舊中涓，猶見遺臣泣拜鵑。

石馬嘶風山欲暝，無人能諸顧圭年。

其三

餘生自分蕨薇甘，種樹盧成雨露含。

不數漢廷虞子大，園陵株蘗獨能諳。

其四

崢嶸奇節屬葵霜，排日朝陵望御林。

衰病逋臣慙視息，白頭雙淚自浪浪。[30]

上文其一「軒臺王氣鬱崚嶒，雲護燕山十七陵」即點出梁氏為清室守陵之行為。其三「不數漢廷虞子大，園陵株蘗獨能諳」及其四「崢嶸奇節屬葵霜，排日朝陵望御林」，皆正面歌頌梁氏忠清的節義（「葵霜」為梁氏的別號）。而其二「猶見遺臣泣拜鵑」及其四「衰病逋臣慙視息，白頭雙淚自浪浪」，則抒發了吳氏面對清室頹靡的悲哀之感。以上可見，吳氏透過讚賞梁氏的義舉，以抒發其懷念故國之情。

如上所述，梁氏不單為前主守陵，為了勉勵其他清遺臣，他亦會將溥儀所賜的食品分送遺臣，而吳氏亦是獲得御食的其中

30　吳慶坻：《悔餘生詩集》，卷三，頁十二上至下（總頁 340）。

一人，因以賦詩感謝梁氏，並抒發國變之感，如卷四〈節庵以天廚珍餌分寄山中謹賦二詩志感〉：

其一
深宮念典知忘食，講幄宣勞屢拜恩。
何意齋廚塵甑冷，遠分仙餌到蓬門。

其二
老病無緣侍玉除，杜陵每飯敢忘諸。
回思朵殿簪毫日，餅餤紅綾拜賜初。[31]

詩中除了表示對梁氏分食的感謝外，吳氏亦以杜甫自比，以示每飯不敢忘君的尊君之心，同時對自己因年老多病不能侍君感到自責，充滿忠清的感慨。而梁氏忠清的行為可謂完全打動了吳氏的心，故此，當梁氏嗣後，吳氏亦以詩作紀念、歌頌梁氏，其詩題為〈梁文忠公挽辭五首〉，現取其二、其三略加說明如下：

其二
兕虎爭當道，風雲鬱不開。積誠扶日月，垂死念涓埃。
血凝千年碧，心餘一寸灰。號弓有遺恨，寒吹萬松哀。

其三
竊國誅何晚，先幾早辨奸。虎須曾手捋，鸞翮肯生還。
輟講天容悴，褒忠特詔頒。易名誠不媿，誰及致身艱。[32]

---

31 吳慶坻：《悔餘生詩集》，卷四，頁五上至下（總頁 352）。
32 吳慶坻：《悔餘生詩集》，卷五，頁三上（總頁 359）。

以上二首直接道出吳氏對政權變易後的心傷，所謂「兕虎爭當道」、「竊國誅何晚」皆表示出吳氏不滿民國執政的態度，將民國政權視作「兕虎」、「竊國」。而「積誠扶日月，垂死念涓埃」句，吳氏自注云：「恩若邱山，報無尺寸，公八月來書中語也。」又「虎鬚曾手捋，鸞翮肯生還」，吳氏自注云：「虎鬚，鸞翮公去鄂臬謝恩摺中語。」[33] 可見吳氏為了表示對梁氏的懷念，即以梁氏書信中所用的詞彙入詩，藉以描繪出梁氏忠於清廷的堅貞，其中亦反映出吳氏對梁氏的推崇。

4. 以詩抒發文化情懷

朱興和指出：「超社逸社詩人大概是中國歷史上最後一批完全抱持古典文化信念（包括政治信念）的知識精英。可以說，他們的思想、生活乃至於整個生命都是古典文化的展開。……進入民國之後，古典文化更是他們生命的支柱。越到晚年，他們越是不斷表達着對文化的信念和摯愛。因此，文化情懷是他們生命中最深摯的情懷。具體而言，主要表現在兩個方面：一是對文化偶像的崇拜，一是對文化遺產的珍愛。」[34] 細考吳慶坻《悔餘生詩》的題材內容，亦可見上述所謂對「古典文化情懷」的抒發。

首先，上文朱氏所言的「文化偶像」，其中包括「古往今來的大詩人」及「歷代忠臣、烈士和遺民」，而在吳氏的詩作中，曾提及的詩人包括杜甫、蘇軾及陸游等，如卷四〈寄懷沈濤園中丞瑜

---

33 吳慶坻：《悔餘生詩集》，卷五，頁三上（總頁 359）。

34 朱興和：《現代中國的斯文骨肉——超社逸社詩人群體研究》，頁 238。

慶滬上四首〉其四言：「私淑杜陵叟，難忘每飯心。」又卷四〈坡公生日約同人懸象設祭踵去歲故事也夢坡亦於靈峰補梅盦為東坡生日之會夢坡有詩即次其韻〉以詩作歌詠蘇軾之生辰。再如卷五〈歲除日為陸藹堂題放翁像〉題詠陸游畫象等，皆有很濃厚的文化情感。

值得注意的是，吳氏的詩作亦有歌頌明朝遺民，以從前代遺民的事跡中尋找其遺民身份之認同，其中一位對象就是顧炎武。顧炎武身處明清易代之際，選擇堅決不仕，醉心學問，實為民國時忠清遺民的榜樣。吳氏因其子士鑑偶得「道光辛丑江陰吳儁」（吳氏自注）所畫顧炎武之畫像（詩中云：「鑑也偶得之，兼金不辭窶。」），而寫下〈顧亭林先生象〉一詩，其中一段寫到：

> 天留命世儒，衛道啟聾瞽。緬昔蔣山傭，忠孝鬱肝腑。悲歌思中原，杖棨追光武。寒潮落日間，流轉去鄉土。姓名伯齊變，志節彥先伍。蒺藜飲雖甘，薇蕨心自苦。講學屏聲氣，覆轍懲門户。六藝貫九流，上纘姬孔緒。熙朝盛儒業，群奉不祧祖，曩拜先生象。[35]

可見吳氏對顧炎武極為推崇，他認為顧氏生活雖貧苦，但仍甘於退隱，刻苦講學，砥礪節氣，實為中國傳統學問與道德的典範。結合吳氏的經歷及其對自己不能以死殉國的悔恨，他對顧氏的頌揚，既是加強自我對遺民身份之認同，可能同時成為他不能死節清室的解脫。因顧氏在明清變革時認為遺臣不一定需要與國皆亡，他既效法伯夷歸隱，而不取其絕食而死的行為，故〈濰縣〉

35 吳慶坻：《悔餘生詩集》，卷三，頁七下至頁八上（總頁 338）。

云：「人臣遇變時，亡或愈於死。」[36] 這種論調，實為吳氏悔恨最好的精神寄託。

又吳氏在卷四〈山陰劉忠介公遺像〉歌頌另一位明遺民劉宗周：

潮斷錢塘列戍空，屹然大節峙江東。
證人社約除禪障，絕命詩篇泣鬼雄。
破碎河山清夢在，從容巾帶故人同。
紫花袍布真儒服，想像端居講肄風。[37]

明末劉宗周面對鼎革之時，態度與顧氏不同，他選擇了以自沉殉國。「破碎河山清夢在」句，吳氏自注云：「海鹽吳貞肅於天啟壬戌登第之前，夢一隱者誦文信國：『山河破碎風飄絮，身世浮沉雨打萍』之句，問姓名，曰：『劉宗周也。』貞肅不省，會忠介知貢舉相見，驚訝，遂交契。官及太常寺少卿，京師陷，殉節。」[38] 吳貞肅，即明人吳麟徵。吳慶坻以麟徵夢宗周吟誦文天祥〈過零丁洋〉事入詩，從而烘托宗周節士的形象，此事見《明史》卷266。又「從容巾帶故人同」句，吳氏自注云：「祁忠敏於乙酉閏月六日自投放生碣下，整巾帶，植立水中死。」[39] 祁忠敏，即明人祁彪佳，於弘光元年（即1645年）六月自沉，由於他

36 顧炎武撰、王蘧常輯注、吳丕績標校：《顧亭林詩集匯注》（上海：上海古籍出版社，1983年），頁596。以上論述亦參考自周可真：《顧炎武哲學思想研究》（北京：當代中國出版社，1999年），頁149-150。

37 吳慶坻：《悔餘生詩集》，卷四，頁十三上至下（總頁356）。

38 吳慶坻：《悔餘生詩集》，卷四，頁十三上至下（總頁356）。

39 吳慶坻：《悔餘生詩集》，卷四，頁十三上至下（總頁356）。

與宗周同以自沉死節，故吳氏在詩中兼讚揚此殉國義士。由此可見，在此詩中，吳氏對以死殉國的明遺民大加讚揚，從而抒發其個人忠節的看法。

另外，與其他清遺民詩人相似，除了古人外，古跡文物亦是吳氏詩作的題材，如卷三〈逸社六集庸奄尚書舉京師古遺分題賦詩余得淨業湖李西涯故宅因為長古一篇以寄懷舊之思〉云：「大都城北通漕渠，明代拓城瀦為湖。風漪一片幾灰劫，誰識前朝故相居。茶陵憂國鬢絲老，李河別派詩清矯。」[40] 吳氏參與逸社的文學活動，其中以明代文學家李東陽故宅為題作詩。詩中「風漪一片幾灰劫，誰識前朝故相居」指出該宅經歷時代的洗禮，如今已無人知曉其曾為東陽故居，吳氏以此表示出物是人非的滄桑感。又「茶陵憂國鬢絲老」句，吳氏自注云：「『波光面如玉，憂國鬢成絲。』〈覃溪題西涯圖〉句。」[41] 以翁方綱的詩句入詩，用以刻劃李氏愛國的形象，以寄託遺民情懷。

又當時另一遺民劉體乾藏有蜀石經《左傳》殘片，向溥儀展示，並獲溥儀御題「孟蜀石經」四字。吳氏為了紀念此事，因作〈劉健之體乾以所藏蜀石經左傳殘拓上呈乙覽蒙御題孟蜀石經四篆字體以示慶坻敬書冊尾〉一首，其云：

> 璀璨天題炳日星，尊經籀古見皇情。
> 鴻規遠紹乾隆盛，獵碣親摹十鼓成。
> 家法相傳典學勤，珠林寶笈煥天文。
> 小臣昔忝承明列，願更簪毫紀舊聞。[42]

---

40 吳慶坻：《悔餘生詩集》，卷三，頁十九上至下（總頁 344）。
41 吳慶坻：《悔餘生詩集》，卷三，頁十九上至下（總頁 344）。
42 吳慶坻：《悔餘生詩集》，卷五，頁九上至下（總頁 362）。

吳氏以「天題」、「皇情」形容溥儀御題石經一事，可見即使在滿清遜國後，吳氏仍對廢帝心存尊重。吳氏由溥儀御題事，回想起清朝的盛世，詩中「獵碣親摹十鼓成」句，吳氏自注云：「乾隆朝以太學石鼓存字不及半，因就所存三百十字，集十章，鐫新鼓，置太學戟門外。其首章末章御製，自二至九，命尚書彭元瑞補綴成之，其文詳《國子監志》『金石門』。」又「家法相傳典學勤」句，吳氏自注云：「聖祖始終典學，嘗御乾清宮，發御書一千四百二十七幅，自魏晉以逮唐宋元明諸名蹟，無不手撫心賞，凡紙尾必署云：『臨某某書。』」後「珠林寶笈煥天文」句，吳氏自注云：「《祕殿珠林》、《石渠寶笈》皆首冠御書。《寶笈初編》、《續編》編成於乾隆朝，《三編》則嘉慶朝所輯也。」[43] 以上可見，吳氏多用清朝盛世的時事入詩，其中以康熙、乾隆等御筆親題之歷史，呼應溥儀御題石經之事，既頌揚溥儀對遺民的「聖德」，亦藉以回想前朝繁盛之勢，以抒其對故國之懷念。

5. 隱逸之思

面對國變後的情況，不少遺民都感到國家的局勢不可改變，故主張隱居不出，遠離政治，藉以明哲保身，堅守忠清的態度。[44] 吳氏亦常透過詩作表達這種隱逸的生活態度，且常滲透佛

---

43 吳慶坻：《悔餘生詩集》，卷五，頁九上至下（總頁 362）。

44 朱興和指出超社、逸社的成員大多有隱逸之思，其云：「很多清遺民詩人都有閉門隱居的心理。在政治大環境非常惡劣的情況下，在有限的地域內和狹小的交往圈中，通過想像和藝術活動，他們在精神世界裏過起自主自足的隱逸生活。中國文化中有非常豐富的思想資源供他們享用，為隱逸生活提供充分的精神滋養。」見朱興和：《現代中國的斯文骨肉——超社逸社詩人群體研究》，頁231。

理，以抒解其亡國之鬱悶，如：

卷三〈壺翁將還杭州留詩為別次韻送之〉：

五年僑寄閱諸艱，一鶴青霄意態閒。
眼底蒼茫新世界，夢中依戀好湖山。
偶攜紅袖消愁思，不借丹沙駐醉顏。
竹杖棕鞵秋更健，詩情總在兩峰間。[45]

詩題之「壺翁」乃指壺道人，為另一位堅拒不仕、隱居自給的清遺民。此詩中，吳氏以「蒼茫」形容民國以來的新局勢，反映他不認同新政權之建立，而「夢中依戀好湖山」句，表示自己仍心繫前朝。詩的結尾，吳氏以「竹杖棕鞵秋更健，詩情總在兩峰間」形容自己寄情山水及詩作的隱逸之情。

又如卷五〈訪庸奄湖莊不值尋相遇於南屏僧舍翌日遂別去瀕行以詩來次韻奉答〉：

避俗耽林阜，忘憂仗友朋。
風煙迷北極，香火證南能。
詩寫有聲畫，禪分無盡燈。
送君應一笑，真似過溪僧。[46]

詩題的「庸奄」即陳夔龍，此詩為吳氏與陳氏的往還詩作。詩首句「避俗耽林阜」已明確道出吳氏避居山林的志向，後文更指出希望透過寄情研佛及作詩，以忘卻世情，亦在抒發其隱逸之思。

45 吳慶坻：《悔餘生詩集》，卷三，頁十五上至下（總頁 342）。
46 吳慶坻：《悔餘生詩集》，卷五，頁二十一上至下（總頁 368）。

三、結論

總結而言，由於吳慶坻晚年經歷清代遜國，因而其辛亥以後詩作多抒發他對國變後的遺民情思。本文初步分析了吳氏《悔餘生詩集》的題材內容，指出吳氏以景物古今的對比，抒發他對故國的想念，又以詩作讚揚忠清遺民及以死殉國的義士，並透過歌詠前代遺民、古跡文物，以寄託其遺民情感，甚至於詩作中表達隱逸之思，欲忘卻易代之悲，凡此皆可反映吳氏的詩作極具遺民意識。然而本文只是一初步研究，至於吳氏早晚期詩風的異同，以及吳氏與其他清遺民的詩作往還等問題，仍有待深入討論。

* 本文曾發表於《文學論衡》第 33 期，香港中國語文學會，2018 年 12 月，頁 42-52。

從近代「新法家」學者對商鞅史料的運用看知識分子對商鞅形塑之轉變
——以麥孟華和陳啟天的《商鞅評傳》為例

一、前言

自司馬遷《史記・商君列傳》深詆商鞅刻薄少恩，其後雖有西漢劉向、宋代王安石等對商君有所肯定，但歷代文人、學者多從儒家角度出發批評商君；然至晚清以來，鑑於積弱的國勢，部分學者如章炳麟、劉師培等，對商君之評價開始轉變，其後麥孟華、陳啟天更分別撰寫商鞅傳記，以重新審視商鞅的功業及其歷史地位，並希望利用「新法家」思想拯救積弱衰敗的中國。然而關於麥孟華的研究，或重於其生平活動之描述；[1] 而有關陳啟天的分析，則偏重於闡述其「新法家」思想，以及其對民主憲法制度的建立，[2] 皆鮮有注意比較兩人所撰寫的《商鞅評傳》。故此，

1 如張錫勤：〈麥孟華思想簡論〉，《求是學刊》2004 年第 31 卷第 1 期，頁 39-44；紀振奇：〈麥孟華的愛國活動〉，《晉陽學刊》2007 年第 1 期，頁 126-127；王明德：〈論麥孟華〉，《五邑大學學報(社會科學版)》2008 年 2 月第 10 卷第 1 期，頁 22-33。

2 如程燎原：〈論「新法家」陳啟天的「新法治觀」〉，《政法論壇》2009 年第 27 卷第 3 期，頁 3-18；李傳利：〈陳啟天「新法家」思想源起探析〉，《井岡山大學學報(社會科學版)》2016 年第 37 卷第 4 期，頁 126-130；薛燕：〈人法合一：陳啟天新法家思想再思考〉，《長春師範大學學報(人文社會科學版)》2020 年第 39 卷第 5 期，頁 33-37。

本文嘗試從上述兩種商鞅傳記出發，以書中的取材以及評價商鞅的方法為線索，探討近代知識分子所撰寫的人物傳記與時代背景之關係，進而指出兩位學者如何在「新法家」思想的影響下，重新對商鞅加以形塑，從而補充前人研究之未足。

二、漢代司馬遷《史記．商君列傳》取材及其對商君之批評

在現存文獻中，西漢司馬遷乃首位為商鞅立傳的史學家，其《史記．商君列傳》詳記商君一生事跡，其中包括失意於魏、毅然入秦、協助秦孝公變法、伐魏立功及謀反受誅等事件，將商君奮發的改革精神及其刻薄寡恩的特色，刻劃得淋漓盡致。在這些行事中雖然部分見於今本《商君書》中，如商鞅在變法之先，曾與甘龍、杜摯在秦孝公前辯論改革，這次討論亦見《商君書．更法篇》，但有學者認為《商君書》成書年代可疑，有可能是〈更法〉取諸《史記》，而非史遷化〈更法〉之文而書於《史記》中；[3] 又「太史公曰」中史遷自言：「余嘗讀商君開塞耕戰書，與其人行事相類。卒受惡名於秦，有以也夫！」所謂「商君開塞耕戰書」，即與今本《商君書．開塞》、〈農戰〉兩篇篇目對應。但總括而言，史遷在寫作〈商君列傳〉時鮮有直接引用《商君書》的文字，而是重點記錄商君一生盛衰之經過。

篇中史遷雖如實地記述商君變法的成果，謂其「行之十年，秦民大說，道不拾遺，山無盜賊，家給人足」，但他亦透過記載

3 《史記箋證》引楊寬之說，見韓兆琦：《史記箋證》（南昌：江西人民出版社，2004 年），頁 3934-3935。

商君自言「難以比德於殷周」，以及在篇末利用商君與趙良之對話，揭示商君身敗而亡的原因在於不得人心，甚至史遷在「太史公曰」云：「商君，其天資刻薄人也。跡其欲干孝公以帝王術，挾持浮說，非其質矣。且所因由嬖臣，及得用，刑公子虔，欺魏將卬，不師趙良之言，亦足發明商君之少恩矣。」[4] 可見史遷並不認同商君刻薄寡恩、一斷於法的治國方針，並認為商君被誅的原因恰恰在於「少恩」，以致他開罪權貴，最後只能受「惡名」而被戮。

概而論之，司馬遷寫作〈商君列傳〉的原因，除了記載商君變法的成效外，亦深刻地批判法家治國理論的缺點，如傳中極重視篇內之呼應，文字之間常以「法」字為線索貫串前後文，既使篇章結構顯得更加嚴謹外，亦藉以諷刺商君專法的流弊。明人凌稚隆《史記評林》云：「太史公首言鞅好刑名之學，則鞅所以說君而君悅者，刑名也，故通篇以法字作骨，曰：『鞅欲變法』，曰『卒定變法之令』，曰『子是太子犯法』，曰『將法太子』，而終之曰『為法之敝一至此』，血脈何等貫串。」[5] 可見凌氏認為〈商君列傳〉以「法」字貫串全篇，使前後文能互相呼應。其後清人李景星繼續深化凌氏的觀點，其《史記評議》曰：

> 〈商君傳〉是法家樣子，是衰世聖經。在天地間既有此一等人物，而太史公即有此一副筆墨寫之。通篇以「法」字為骨，開首提出「好刑名之學」已暗為下文諸「法」字之根。以下曰「鞅欲變法」，曰「不法其故」，

4　韓兆琦：《史記箋證》，頁 3951。

5　轉引自韓兆琦：《史記箋證》，頁 3954。

> 曰「非所論於法之外也」，曰「不用法而霸」，曰「智者作法」，而以「為法之弊」終之。贊語又曰「刻薄」，曰「少恩」，曰「受惡名」，活現出法家下場。令人讀之，如睹七十二地獄變相，如炎天之中陡變秋節，那不驚心動魄！蓋史公於鞅之為人，盡情貶抑，所以導人於正；而於鞅所行之事極力摹寫，又所以不沒其實。此本是特別文字，自當以特別之眼光讀之。[6]

以上可見，李氏補充了更多篇中以「法」字呼應的例子，既有意顯示商君因變法而有所成就外，亦道出商君正因其推行的法令而走投無路，在前後文的對比中顯示出史遷對法家的抨擊。

考史遷所身處之西漢，承接短祚之暴秦，因而當時不少知識分子都嘗試總結秦亡之原因，以作為西漢王朝的鑒戒，如賈誼〈過秦論〉認為秦因「仁義不施」、「不信功臣，不親士民，廢王道，立私權，禁文書而酷刑法，先詐力而後仁義」而亡；又劉安《淮南子・泰族》云：「商鞅為秦立相坐之法，而百姓怨矣；……商鞅之立法也，……天下之善者也。然商鞅以法亡秦，察於刀筆之跡，而不知治亂之本也。」可見西漢知識分子多不滿專斷於法的暴秦政權，而正因商鞅乃秦統一六國的奠基者，故此史遷一如其他漢代知識分子般，深刻地批評商君偏頗的政治方略。且在傳中，史遷記敘商君本以三皇五帝之道以遊說孝公，然孝公不悅，商君才改以「霸道」說孝公，即在史遷筆下之商君如同「縱橫家」般，沒有一貫的政治理論；又在「太史公曰」中所謂「因由嬖臣」之批評，更涉及到史遷因李陵之禍而行宮刑之悲慘經歷，刑後他

6　轉引自韓兆琦：《史記箋證》，頁 3954。

常感嘆自己為「刑餘之人」，亦認為這些「嬖臣」身份低微，士人不應與他們交往，故亦蔑視商君因景監而見孝公之行徑。從上可知，史遷因其時代背景及其行事經歷之故，對商君作出了深刻的批評，並側面突出秦以法家思想治國之弊，更可以說是西漢學者的共同意識。

然至晚清，鑑於積弱的國勢，部分學者一反史遷的論斷，對商君之評價開始轉變，如章炳麟《訄書》認為商君為「骨鯁之臣」，「以法家之鷙，終使民生；以法家之刻，終使民膏澤」，[7] 極肯定商君在政治上的貢獻。其後亦有不少中國學者受西方法治思想的影響下，對商鞅持極高的評價，如麥孟華、陳啟天分別撰寫商鞅的傳記，以重新審視商鞅的歷史地位，並據以探討如何利用「新法家」思想拯救積弱衰敗的中國。其中麥孟華乃晚清維新派的重要人物，而陳啟天則為民國時期民主憲法制度的倡議者，兩人與中國近代歷史之發展關係密切。以下本文將從敘述方式及取材兩方面，深入分析麥、陳二氏所撰的商鞅傳記，從而顯示兩人對商鞅形塑之轉變。

三、麥孟華生平及其〈商君傳〉

麥孟華（1875-1916），字孺博，號蛻庵，祖籍順德吉佑鄉。1893 年，他與康有為同科中舉，其後隨康氏赴京應試。對於晚清國勢日益衰敗，麥氏極為痛心，常與梁啟超討論救國的方略，時人稱為「麥、梁」。因當時列強的入侵及其專擅的行為，如俄

7　章炳麟：《訄書初刻本》，《章太炎全集・三》（上海：上海人民出版社，1984 年），頁 82。

國取旅順及大連、德國破壞山東孔廟等事件相繼出現，麥氏曾多次連同各省舉人上書朝廷；其後為了改革清政，他先後參與《萬國公報》、《中外紀聞》、《時務報》等的創立及撰稿，以向中國知識分子介紹西方的學術，欲以推行維新。戊戌政變後，他與梁啟超一同逃亡日本，後得知梁氏意欲與革命人士合作後，立即向康有為告密，並勸梁氏不應參與革命。在辛亥革命、袁世凱稱帝等事件陸續發生後，主張維新的麥氏感到極為沮喪，他沒有加入革命的行列，一直保持其師康有為保守派的政見，拒絕參加任何政變改革的活動。[8]

1.〈商君傳〉與《新民叢報》

根據《麥孟華年譜》，1902 年（即光緒二十八年），麥氏當時二十八歲，剛擔任由梁啟超所創辦的《新民叢報》的撰述。麥氏以署名「蛻庵」於《新民叢報》第 30 號（1903 年 4 月 26 日）、31 號（1903 年 5 月 10 日）以及 32 號（1903 年 5 月 25 日）三期中發表題為〈商君傳〉的文章。[9] 文中麥氏明言重寫商鞅傳記，是有意補充史遷之不足，並希望從「今人之眼光」重新評價商君的歷史地位，其云：「太史公之傳商君詳矣。然于其政略，尚或缺焉未備，且以今人之眼光觀察古人，則古人必有特別之新面目。用敢次其行事，條其政策，剌其著書之政論，比以今日之政治，我國民其有尸祝崇拜之同情歟！作〈商君傳〉。」[10] 可見麥氏認為《史

8 詳見紀振奇：〈麥孟華的愛國活動〉，《晉陽學刊》2007 年第 1 期，頁 126-127。

9 《麥孟華集》（廣東：順德縣志辦公室，1990 年），頁 297。

10 《麥孟華集》，頁 279。

記・商君列傳》主要記述商鞅之行事，然對商鞅在政策方略及其歷史意義方面尤有未備，故欲重新撰寫〈商君傳〉。

由於麥氏〈商君傳〉最先發表於《新民叢報》，故此在論述其〈商君傳〉的寫作特色之前，必須要先了解《新民叢報》的辦報宗旨。上文所謂以「今人之眼光」重新閱讀、評價中國歷史人物以教育國人的策略，可以説是《新民叢報》的一大宗旨。作為《叢報》的創辦者梁啟超，對《叢報》的發刊有很大期望，其創辦緣起即見於《叢報》第一號，其云：「中國報館之興久矣，雖然求一完全無缺，具報章之資格，足與東西各報相頡頏者，殆無聞焉。非剿説陳言，則翻譯外論，其記事繁簡失宜，其編輯混雜無序，殆幼稚時代，勢固有不得不然者。本社同人有慨於是，不揣檮昧，創為此冊。其果能有助於中國之進步與否，雖不敢自信，要亦中國報界中前此所未有矣。」[11] 其中梁氏更明確地指出《叢報》的內容與宗旨，據《本報告白》所言之「宗旨」云：

> 一、本報取《大學》新民之義，以為欲維新吾國，當先維新吾民。中國所以不振，由於國民公德缺乏，智慧不開，故本報專對此病而藥治之，務採合中西道德以為德育之方針，廣羅政學理論，以為智育之原本。
> 一、本報以教育為主腦，以政論為附從。但今日世界所趨重在國家主義之教育，故於政治亦不得不詳。惟所論務在養吾人國家思想，故於目前政府一二事之得失，不暇沾沾詞費也。

11 《新民叢報》第一號，日本：橫濱，頁1。引用自《大成老舊期刊全文資料庫》。

> 一、本報為吾國前途起見，一以國民公利公益為目的。持論務極公平，不偏於一黨派；不為灌夫罵坐之語，以敗壞中國者，咎非專在一人也。不為危險激烈之言，以導中國進步當以漸也。[12]

上文已言麥氏常與梁氏論政，而麥氏〈商君傳〉的撰作目的，即欲利用商君之例子以發明中國自古已有明法的主張，可以說完全呼應上述《叢報》的宗旨。又《叢報》曾於第一號自言其內容「門類」之特點云：

> 二論説・必取政事學問之關於大本大原切於時用者乃著為論。
>
> 三學説・述泰西名儒學説之最精要者。
>
> 四時局・論天下大勢以為中國之鑑。
>
> 五國聞短評・擇中國外國近事之切要者略加緒論談言微中聞者足戒。〔……〕
>
> 八政治・專以養國家思想使吾人所以不可不注目者皆備載之。
>
> 九史傳・或中史或外史或古史或近史或人物傳隨時記載。〔……〕
>
> 十一教育・本報以教育為主義故於此門尤注意焉論原理或述方法總以合於中國國民教育為的。〔……〕
>
> 十三學術・或哲學或藝學或中國固有之學擷其精華論之。〔……〕

---

12 《新民叢報》第一號，日本：橫濱，頁 1。引用自《大成老舊期刊全文資料庫》。

> 十七法律・中國人所尤缺者法律思想也，故述法家言以導之。[13]

從上不難發現麥氏〈商君傳〉之內容即橫跨了《叢報》上述多個門類，因商君作為中國歷史上僅有的以推動變法改革而得到成功的政治家，加上〈商君傳〉以西方政治歷史對商君變法加以參照，目的是為了教育中國人認識法治、關注改革，從而挽救衰敗的中國，因此麥氏的撰作簡直成為了實踐《叢報》宗旨的理想稿件。

另外，《叢報》第一號亦載有題為〈新史學〉的文章，其中梁啟超對中國舊史學加以批評，認為中國史書「知有朝廷而不知有國家」、「知有箇人而不知有群體」、「知有陳跡而不知有今務」、「知有事實而不知有理想」等「四蔽」，又有「能鋪敍而不能別裁」、「能因襲而不能創作」等「二病」，梁氏更自言：「今日欲提倡民族主義，使我四萬萬同胞強立於此優勝劣敗之世界乎？則本國史學一科實為無老無幼，無男無女，無智無愚，無賢無不肖，所皆當從事，視之如渴飲飢食，一刻不容緩者也。然徧覽乙庫中數十萬之著錄，其資格可以養吾所欲、給吾所求者，殆無一焉。嗚呼！史界革命不起，則吾國遂不可救。悠悠萬事，惟此為大，新史學之著，吾豈好異哉？吾不得已也。」[14] 可見梁氏極不滿前代的史學著作，認為史書的民族主義教育功能應大幅加強，如此麥氏〈商君傳〉，即以商君事跡加強國人認識法治之重要性，似亦在回應梁氏革新史學之要求。

---

13 《新民叢報》第一號，日本：橫濱，頁 2。引用自《大成老舊期刊全文資料庫》。

14 《新民叢報》第一號，日本：橫濱，頁 39-48。引用自《大成老舊期刊全文資料庫》。

2.〈商君傳〉之取材

麥氏重寫〈商君傳〉的特點在於補充了不少史遷未有使用的《商君書》材料，以更詳細論述商鞅變法的政策及其意義。上文已指出《史記・商君列傳》是現存有關商君生平事跡的主要材料，但史遷在撰寫的過程中主要敍述商君變法前後的事件，而〈商君列傳〉「太史公曰」云：「余嘗讀商君開塞耕戰書，與其人行事相類。」其中「開塞」對應今本《商君書》的第七篇；而「耕戰」，有學者認為即是今本《商君書》的〈農戰〉篇，可知史遷有親閱《商君書》其書。然而〈商君列傳〉的寫法，跟〈韓非列傳〉將韓非所撰之〈說難〉加入傳中的做法不同，除了〈商君列傳〉前半部分採錄了商鞅與甘龍、杜摯在秦孝公前的辯論而此段見於《商君書・更法篇》外，〈商君列傳〉其他部分鮮有直接利用《商君書》的材料來闡釋商君的學說主張，而麥氏則較史遷用更多今本《商君書》的記載，以補充說明商君學說的理念與具體措施，如麥氏論「商君之行政・司法」云：

> 自三權鼎立之説興，司法獨立之制度，遂遍行於歐美諸國，而百年來之政治，遂為一大進步。商君生二千年前，而其定制行事，固有深合於司法獨立之制者。〈定分〉：一歲受法令，天子置三法官，殿中置一法官，御史置一法官及吏，丞相置一法官，及諸侯郡縣，皆各為置一法官及吏，皆此秦一法官，郡縣諸侯，一受實來之法令學問，並所謂吏民知法令者，皆以問法官。夫專置主法之吏，以執行法務，自中央政府以至地方郡縣，莫不置有法官。其司法之制，固已

> 完密，至於貴族犯約則罰之，太子犯法則繩之，務保其獨立之權，得以執法不撓，徑行其法，乃至天下之吏，雖有賢良辯慧，不能開一言以枉法。[15]

可見麥氏利用《商君書・定分》之文字，以討論商君對「法官」此司法機構之設立與西方的政治制度有相似者，並利用〈商君列傳〉中商君因太子犯法而刑太子之師傅的史實，以反映商君所設立的「法官」有獨立的地位。

又如麥氏詳論商君「農政」之措施，在〈傳〉中詳列《商君書》中的〈墾令〉、〈農戰〉、〈徠民〉之文字，以指出「今日之政略，務殖己民於鄰地，而當日之政略，則務徠鄰民於己國。故吸收他國之人民，以為強己損敵之計，固當日政治家之無上政略也。商君謂以草茅之地，來三晉之民，弱晉強秦，與戰勝等。殆以是為無形之侵略，以陰行其帝國主義者乎？然其招募外人，不以為客兵，而以為客農，但使務於內，專任供給，而兵役義務，必責之國民，則又可謂深知國民軍之義，而善於謀國者也。」[16] 可見麥氏極為欣賞《商君書》中所記有關重農、開闢農地、務他國之民來秦耕種之種種政策，並皆書於其〈商君傳〉中。

以上兩例可見麥氏重視使用今本《商君書》的材料以撰寫商鞅傳記，從而補充《史記》之不足。

3.〈商君傳〉從「今人之眼光」重新評價商鞅

麥氏〈商君傳〉除了所使用的材料較《史記》豐富外，另一

---

15 《麥孟華集》（廣東：順德縣志辦公室，1990 年），頁 288-289。
16 《麥孟華集》（廣東：順德縣志辦公室，1990 年），頁 290-292。

特點在於以「今人之眼光」重新評價商君的貢獻。上文已言「今人之眼光」源於《新民叢報》的理念，其後麥氏〈商君傳〉更收入由梁氏所主編的《中國六大政治家》一書中，我們可以利用此書作線索，更深入地探討麥氏論述商君之特色。

《中國六大政治家》據梁氏自序乃編於宣統元年，即1909年3月，由梁氏自撰《第一編・管子》、《第四編・王安石》以及附錄的《中國法理學發達史》，再加上麥氏《第二編・商君傳》、李嶽瑞撰寫《第三編・諸葛武侯》及《第四編・李衛公》，然《第六編・張居正》則未有完成。在該書「例言」中，梁氏自言：「本編以發明管子政術為主，其他雜事不備載。管子政術以法治主義及經濟政策為兩大綱領，故論之特詳，而時以東西新學說疏通證明之使學者得融會之益。」[17] 又梁氏《管子・自序》云：

> 一國之偉人，閒世不一見也。苟有一二，則足以光其國之史乘，永其國民之謳思，百世之下，聞其風者，心儀而力追之，雖不能至，而或具體而微焉，或有其一體焉，則薪盡火傳，猶旦莫也，國於是乎有與立。夫導國民以知尊其先民，知學其先民，則史家之職也。我國以世界最古最大之國，取精多而用物宏，其人物之瑰瑋絕特夐，非他國之所得望而前，此之讀書論世者，或持偏至之論，挾主奴之見，引繩批根，而非常之人、非常之業，泯沒於謬悠之口者，不可勝數也。若古代之管子、商君，若中世之荊公，吾蓋偏

17　梁啟超：《中國六大政治家》（重慶：正中書局，1944年），《管子》，〈例言〉，頁1。

> 徵西史欲求其匹儔而不可得。而商君、荊公為世詬病以迄今日，管子亦毀譽參半，即譽之者，又非能傳其眞也。余既為荊公作洗冤錄，商君亦得順德麥氏為之訟直，則《管子傳》不可以無述，述之得六萬餘言，作始於宣統紀元三月朔旬有六日。成新會梁啟超。[18]

可見梁氏承《新民叢報》以「新史學」教育國民之理念，利用西方學說比附管子之功業，既欲反駁傳統史著、前代學者的成見，又以重新論定管子的歷史地位。

由於麥、梁關係密切，亦常論學，並立志以新史學、西方知識啟發民眾以救國，故此，麥氏《商君傳》、梁氏《管子傳》之寫法極其一致。梁氏《管子傳》云：「前此為管子傳者，惟《史記》一篇。然《史記》別裁之書也，其所敍述，往往不依常格，又以幽憤不得志，常借古人一言一事，以寄託其孤怨，若〈管晏列傳〉亦其類也。故徒讀《史記・管子傳》必不足以見管子之真面目，欲求真面目，必於《管子》⋯⋯吾今故據《管子》以傳管子，以今日之人之眼光觀察管子，以世界之人之眼光觀察管子，愛國之士或有取焉。」[19] 可見梁氏認為因《史記・管子列傳》未能全面總結管子在中國歷史上之地位，故希望利用現存《管子》書，從今人、世界之眼光重新評價管仲。麥氏《商君傳》的立意與梁氏撰《管子傳》是相同的，〈商君傳・發端〉云：

> 中國之弱於歐美者，其原因不止一端，而其相反之

18 梁啟超：《中國六大政治家》，《管子》，〈自序〉，頁 1。
19 梁啟超：《中國六大政治家》，《管子》，頁 4。

> 至大者，則曰中國人治，歐美法治。夫合一群之人以成一團體，苟不勒定一群之法而公守之，各求其欲，人競於私，紛然絕無規則，淆然無複秩序，則其群之人必不能一日安，而其團體亦不能持久。一族然，一鄉然，一國亦靡不然。法律者，齊一國國民之規則，而所以定其秩序者也。是以西士之言曰：能得良美法律者上也，苟無良法，則惡法猶愈於無法。故徵之歷史，來喀瓦士立法而斯巴達強；鎖龍立法而雅典霸，《十二銅表》之法定，而羅馬之民政興；《自由憲章》之法布，而英國之基礎固。彼數者，其法之完缺良惡不一致，要皆有公布之法律，舉其國民齊而範之規律之中，皆足以齊民志而善群事者也。中國者一上下紛擾而絕無規律之國也。數千年來，曾未聞有立法之事，惟求之二千年上，其有足與來喀瓦士鎖龍相彷彿者，於齊則得一管子，于秦則得一商君。[20]

可見麥氏認為商鞅之法對當時的中國有指導意義，文中論述了法律對於國家管治及其盛衰極之重要性，由於西方古今不少政權有廣泛公布之法，其民能共同遵守之，故其國強，然中國無此「公布之法律」，故其國弱。但麥氏認為在中國歷史上亦並非無此法律，如春秋之管子與戰國之商鞅所推行之法，即與西方之法無異，故其撰〈商君傳〉，即嘗試探討中國帶入「法治」的可能性。有學者認為麥氏以「法治主義」釋商君之法，如程燎原〈晚清「新法家」的「新法治主義」〉指出「麥孟華在《商君評傳》中也將商

---

20 《麥孟華集》，頁 278。

鞅歸結為『法治主義』者，說商鞅『奉一「法律萬能」之主義，舉凡軍事、生計、風俗、制度，無一不齊之以法，定一公布之法。凡一國之平民貴族，治者被治者，靡不受治於同一法律之下。』」[21] 雖然麥氏〈商君傳〉的原文沒有明確使用「法治主義」一詞，但在行文之中，程氏認為麥氏的描述是帶有「法治主義」的意味，由此而觀，麥氏是有意利用〈商君傳〉來加強國人的「法治」意識。

另外，為了啟發當時中國人的心智，麥氏自逃亡日本後，積極於向中國民眾介紹西方的歷史與知識，如他曾在《新民叢報》中發表〈鐵血宰相俾斯麥傳〉、〈泰西教育沿革小史〉等文章，[22] 反映麥氏非常熟悉西方的歷史與文化，而〈商君傳〉中所謂「今人之眼光」者，其中即包括以西方的歷史與當下的政治形勢，來比照商君之行事與秦國之發展，如：

〈傳〉中云：「此實如俄之高踞絕北，窺伺歐亞，其地形有獨優者也，而商君實利用此地形，以固帝國之基礎。」[23] 將戰國時之秦國，比附為當時的俄國。

又〈傳〉云：「故其民獨樸僿堅悍，有首功好武之風，讀〈小戎〉、〈駟驖〉諸詩，其剽悍尚武，自古然矣。⋯⋯彼斯巴達人之雄霸希臘，斯拉夫人之雄視地球，固皆以尚武之民族，而占優勝之權利者也。」[24] 將秦國好勇暴悍的民風，比照古希臘的斯巴達

21 程燎原：〈晚清「新法家」的「新法治主義」〉，《中國法學》2008 年第 5 期，頁 3-18

22 《麥孟華集》，頁 298-332。

23 《麥孟華集》，頁 280。

24 《麥孟華集》，頁 280。

人與羅馬帝國的斯拉夫人，下文麥氏更認為商君能令民好戰，云：「蓋秦固一東方之斯巴達，而商君實中國之來瓦喀士也。」

再如〈傳〉云：「商君賢者，顧亦出此醜行邪？昔戈利為羅馬貴族，欲廢護民官而民不聽，不得志於羅馬，乃奔倭西亞國，假其兵以仇伐羅馬。蓋愛國之義未明，東西人固有同此不德者矣。」[25] 商鞅本為魏國效力，但因不受魏王重用而入秦，而助秦孝公變法大治後，他更帶兵伐魏，取得戰功，而麥氏引西方的歷史人物，以為商君行事作辯護。

另外，〈傳〉云：「然寧以身殉國，不肯屈法以求容，忠於謀國，勇於任事，以視後世之尸竊高位，伺權貴之喜怒，以婞媚取容者，何如矣？後人目只法家，謂非儒者所宣道，遂使我中國積弊而莫之革，衰薾漁靡，蕩然無紀以至於今日也。」[26] 麥氏以「愛國者」形容商君，與上引章太炎之說相合，認為後人當重新評估商君重公忘私的精神，甚至比照商君與當時的尸位素餐的官員，以肯定商君對秦國之貢獻。這些論調，皆可反映麥氏不滿史遷對商君之批評，故欲補充史遷所缺乏的「今人眼光」，以讓國人重新認識商君。

從以上可知，麥氏在討論商君的歷史評價時，常有意將商君的歷史事跡與世界歷史互為比照，當中其實包含了很多跟商鞅沒有直接關係的「外圍式傳料」，[27] 可見麥氏〈商君傳〉重於利用西方之史料作參照以重新評價商君，與史遷〈商君列傳〉欲呼應

25 《麥孟華集》，頁 282。

26 《麥孟華集》，頁 296。

27 趙白生：《傳記文學理論》（北京：北京大學出版社，2003 年），頁 56。

西漢學者之共同意識而批評商君之取向相異，因而麥氏重新撰寫〈商君傳〉時，不單根據《史記》、《商君書》等內容介紹商君的行事、變法內容以及於中國歷史之意義，並處處呼應西方歷史的情況，以顯示商君學說的重要性，如：

> 夫今日之帝國主義，固非謂以政府之權力，強制干涉減殺個人之自由，謀其一致，行此偏摶之國家主義，而可冀成功也。英、美二國之人民，可謂最不喜國家主義者矣。然其民族外競，能實行此帝國主義，而德、法之干涉者，乃反遠不能及。故但使保持國家全體之統一，則可任各部運動之自由，其終極之成功，卒能完成帝國主義。雖然，當日戰國之民族，固非今日歐洲民族之比，若不整而齊之，摶而一之，則勢渙力散，豈能外爭？故商君之治，務先融化個人，團合於國家政治之內，使個人盡如器械，以服從國家無上之命令，使個人犧牲私益，以為組織國家之一員，寧必愚弱其民，蓋舍是不能擴張其國也。[28]

麥氏認為英、美實行帝國主義之法，與德、法有別，英、美雖重視個人之自由，或不利於實行國家主義，較德、法多干涉民眾者不同，但因英、美的民族性喜歡與外族競爭，目標一致，故既能保持個人之自由，亦能團結一致，在國家層面上一致對外。麥氏於此欲利用西方的民族性，說明商君以法統涉民眾，一致向外，實有其合理性，與史遷評商君刻薄寡恩，不懂教化，差

28 《麥孟華集》，頁 284。

異極大。又如：

> 古來之從事於改革者，未有不先實國是者也。朝定一制，而群起議之；夕革一弊，而群起撓之，豈徒無益，適滋紛擾而已，西諺曰：「必然 Necessity 者，創造之母。」故希臘哲人瑪裏特士，以必然為天下第一之強力，以其可以使人捍百難而不顧也。商君沈觀時勢，確知變法為必然之事，豐於自信力，奮然身任而不疑，乃以明決精審之政論，數言而決此重大之政治問題，遂以得主權者之信。政權出一，國是大定，雖輿論未能一致，然已排除第一重之阻力，得從事於改革之實行。[29]

此處麥氏利用西方的歷史及顏語，以證明商君在變法前一統言論，以排除對反勢力之干擾，鞏固其變法成功的基礎，「其舉國皆兵之制，則已今歐美諸強國，初無少異矣。」

以上從麥氏的論述中，我們不難看到他對未來中國之期望：一個「能戰」、「有法制」、能如英、美等國「實行國家主義」的中國。而根據麥氏對商鞅的考察，這個「中國」是有可能實現的。總而論之，麥、梁二氏身處於衰敗之晚清，他們看到當時中國被列強瓜分，引起以效法「西方」來挽救中國的思潮。麥氏為了證明西方法制並非與中國截然相反，他在中國歷史中選取商君加以重新評價，並告訴我們商鞅法制、軍事之理念，實與西方無異，欲以證明中國有效法西方的可能性。另一方面，麥氏也指出

---

29 《麥孟華集》，頁 285。

中國早於戰國已有西方法治、法制的雛形，因而晚清同樣可以利用西方之法治，以改革其無法之弊，這樣商鞅的形象已由史遷筆下刻薄寡恩、一斷於法、不懂人情的失敗者，變成為能與西方比肩、啟發中國改革的政治家。

當然麥氏亦承認商君之政策有其不足之處，其云：「然而商君任政之初，即自歎難以比德于殷周。蓋其治，專重功利主義，而偏缺道德教育。彼固預見他日之必有流弊，而歉然不能自滿矣。知有流弊而不先匡正，則或亦當日國家之形勢，國民之程度，有所捍格而不能驟達者歟！」下文又謂：「獨其厥於德義之教，誠不可謂非商君之缺點。」[30] 即麥氏希望以道德教育，補救商君任法之流弊，此點與麥氏在《新民叢報》另一篇文章〈論法律與道德之關係〉的觀點互為呼應，該文云：

> 且法律者，以人能遵守與否，以為效力之厚薄者也。人必先有敬重公益之良心，然後能有服從法律之思想，有服從法律之思想，然後法律可以實行，然彼方徹去道德之藩籬，縱於無法之自由以為樂，人競其私以蹂法，則法律之效力已弱，不轉瞬即銷淪於無何有之鄉，即法可倖存，而群德腐敗，方墜落而靡知所終，上既肆其嗜利無恥之私，下亦相尚以儇詐恣睢之行，不橫決而放軼於法外，則鬼蜮而巧遁於法中，雖有百數十條故紙之空文，寧能制初人純粹為我之私而

30 《麥孟華集》，頁 296。但下文麥氏又為商君辯護云：「由是觀之，則商君固非盡棄禮義，徒以野蠻之俗，其程度之高下，自有所宜。文化者，積漸而致，是固未足盡為商君病也。」見《麥孟華集》，頁 296。

> 使之，節制謹度，捨道德而徒曰法律，幾見法之足以自行也。善夫英人威爾遜之言也，曰：「法律者，表著其民族之品行風俗，而群治民德之反影也。」群制視民品為隆污，雖絲毫不能假借，我國民其有法律思想乎！其亦先培此法律之根原也。[31]

很明顯麥氏認為徒以商君之嚴法治國並無好處，一個國家若無道德教育之配合，是不能培養國人的法治觀念，故此麥氏主張法律與道德教化並行，才能令國家大治。在〈商君傳〉中，我們能夠發現麥氏想像中的新中國，是一個法制與道德教育並重的社會，為了傳達這個政治願望，他繼史遷後重新撰寫商鞅的傳記，欲以「垂空文以斷禮義，當一王之法」，而商鞅之形象已由史遷筆下刻薄寡恩、任法無情的法吏，變成在中國史上能與西方並論的成功的政治家。

四、陳啟天生平及其《商鞅評傳》

繼麥孟華之後，陳啟天亦曾撰寫商鞅傳記。陳啟天（1893-1984）初名翊林，於大學時期改名啟天，為民國時期重要的政治家、學者。陳氏生於積弱的晚清時期，由於對封建政府腐敗的不滿，毅然加入了革命軍。滿清的統治結束後，陳氏於 1925 年加入中國青年黨，當時的立場為反對中國國民黨及中國共產黨。然在 1931 年，由於發生了九一八事變，陳氏改變反對國民黨的政見，主張國內一致抗日。在抗日戰爭中，國民黨於 1938 年承

31 《麥孟華集》，頁 337。

認中國青年黨的地位，陳氏更加入國民政府。於 1945 年至 48 年期間，陳氏先後出入不同的官職，其後因國民黨戰敗而逃亡至台灣。1950 年後，陳氏開始淡出政壇。

據陳氏《商鞅評傳・敍》，該書完成於民國二十三年，即 1934 年。陳氏對商鞅的研究，可以説是其一系列法家文獻研究的先聲。《評傳》的背景是在九一八事年發生之後，陳氏為了救國抗日，繼承由梁啟超、章太炎等提出的「新法家」主義，並希望在系統研究先秦時期的法家著作中提取出先秦法家的理論精華，用以改革當時中國的政治情勢。薛燕〈人法合一：陳啟天新法家思想再思考〉指出：「陳啟天整理舊法家理論，並未止於學術整理，而主要是為了將國家主義與先秦法家聯繫起來，從先秦法家思想中尋找挽救民族危亡的辦法。」[32] 而陳氏從法家思想救國的思路，無疑是受梁啟超所啟發。

不少學者指出梁啟超在清末時期的文化宣傳對陳氏有極大影響，如李傳利〈陳啟天「新法家」思想源起探析〉：「梁氏隨即在〈政治學大家伯倫知理之學說〉一文中，主張以國家主義替代民族主義的詞譯，轉而提倡國家主義的民族建國理論內涵，即合各族為一整體之國家（中國），一致對外抵禦帝國主義。梁氏的上述國家主義理論主張，對陳啟天的影響在其後來所著的《寄園回憶錄》中得以表現：『梁啟超先生在清末民初年間，是中國思想界的一個領導人物。⋯⋯凡是讀過他的文章的人，幾乎無人不受他的影響。我讀了他的全集以後，自亦深受他的影響。⋯⋯又

32 薛燕：〈人法合一：陳啟天新法家思想再思考〉，《長春師範大學學報》2020 年 39 卷第 5 期，頁 35。

後來我在政治思想上的路徑，與他比較接近，也可說多少受了他的影響。』正是基於梁氏國家主義思想的啟蒙，陳啟天的『新國家主義』理論開始有了最初的思想萌發。」[33] 李氏利用陳氏的回憶錄以論證梁氏對陳氏的影響，其說有據。其實陳氏重新撰作《商鞅評傳》亦與梁氏關係密切，其《商鞅評傳・敍》云：

> 商鞅為何等人物，古今評論，紛紛不一。特為其作傳者，前有漢司馬遷，後有清麥孟華而已。太史公之作《史記》也，為鞅作專傳，記其變法之原委甚詳，然譏其刻薄少恩，遂使後世但疑其為無情之人，而不知其變法之重要。清季梁任公編印《中國六大政治家》一書，以管子為第一編，由任公自撰；以商君為第二編，由麥孟華撰之。於是商鞅之價值與地位，乃稍明於世，不復為前人之譏評所囿矣。然惜其書既已絕版，而其取材與夫論斷，亦未能盡當人意。予校釋《商君書》既竣，乃參稽羣籍，重行考定商鞅之價值，而成此《評傳》一書，然後此大政治家之眞面目，及其與中國歷史之重大關係，庶可盡明乎！[34]

由此可見，由於梁啟超將麥氏〈商君傳〉收入其所編的《中國六大政治家》中，而陳氏在閱讀的過程中，雖認為麥氏對商鞅的評價能補充司馬遷之不足，然「其取材與夫論斷，亦未能盡當人意」，令陳氏產生重新撰寫《商鞅評傳》的意欲，以更清楚地說明

---

33 李傳利：〈陳啟天「新法家」思想源起探析〉，《井岡山大學學報（社會科學版）》2016 年第 37 卷第 4 期，頁 127。

34 陳啟天：《商鞅評傳》（上海：商務印書館，1935 年），〈敍〉，頁 1。

商君於中國歷史中的地位。上文已指出梁氏《中國六大政治家》獨缺《張居正傳》，其後陳氏亦撰寫了《張居正傳》，可見陳氏是有意補充梁氏該著作的未足之處。

概而言之，陳氏對麥氏〈商君傳〉的補充，可以分為兩方面：一是「取材」，二是「論斷」。在「取材」方面，陳氏在麥氏的框架下，增加了大量的材料。這些材料可以分為兩方面：第一種為《商君書》的文本材料；第二種為前人研究成果，如前人對戰國時代、商鞅的研究資料等。

關於第一種文本材料，陳氏在其《評傳》中更全面利用今本《商君書》作為討論商君的直接材料，如該書的正文部分，陳氏從「法治主義」、「軍國主義」以及「重農主義」三方面，介紹商君變法之內容及貢獻。在「法治主義」一章中，陳氏除了《史記・商君列傳》外，更利用了《商君書・開塞篇》、〈更法篇〉、〈慎法篇〉、〈修權篇〉、〈君臣篇〉、〈禁使篇〉、〈賞刑篇〉提及「法」的地方加以討論，以明商君明法重刑的主張。而且在出版《評傳》之前，陳氏已完成《商君書校釋》，[35] 可見陳氏曾對《商君書》作系統的整理。這些考證成果亦反映在《商鞅評傳》中，如《評傳》第六章為「《商君書》的考證」，陳氏對《商君書》流傳的歷史，以及《商君書》各篇真偽問題作出了詳細的討論，如討論《商君

35 陳啟天《商鞅評傳・敍》云：「書中所引證者，俱詳注出處，至引證《商君書》之文，則以予之《商君書校釋》為本。屬稿之初，得至友數人分在北平、杭州、南京、廣州等地代搜必要之參考書，使是書獲早日告成，是則宜深深誌謝者也。」可見《商君書校釋》早於《商鞅評傳》完成，然《商君書校釋》的出版則後於《商鞅評傳》，該書是於民國 24 年，即 1935 年，由上海商務印書館正式出版的。

書・畫策篇》云：

> 本篇是一種論著。主旨在因「時變，以戰去戰，以殺去殺，以刑去刑」而歸結到「不貴義而貴法」。大體與商鞅的思想相合。然文中有「明主在上，所舉必賢，則法可在賢」的話，似非極端任法的商鞅所肯說。又有「所謂義者，為人臣忠，為人子孝，少長有禮，男女有別——此乃有法之常也」的話，是以法釋義，與〈開塞篇〉刑義完全相反的論調不同。且本篇文義在全書中最為流暢，因此種種，我想本篇或不是出於商鞅，而是「法家者流掇鞅餘論以成」，又稍雜有他意。[36]

可見陳氏認為今本《商君書》中有部分篇章，如上述的〈畫策篇〉，有部分文句、內容與商鞅的思想、主張不合，或為後人闡釋商鞅觀點的作品，而非成於商鞅之手。這反映陳氏在校釋《商君書》的過程中，亦注意到書中篇章的真偽問題，並於《評傳》中抒發其對各篇真偽的意見，而這種考證的工夫是在麥氏《商鞅傳》中沒有具備的，這亦是陳氏續寫《商鞅評傳》的價值之一。

另一方面，陳氏《評傳》亦較麥氏更廣泛吸收前人——包括古人及近人的研究成果，如麥氏〈商君傳〉雖有說明「戰國之時勢及商君以前秦之位置」，[37]但主要是其個人的歸納與說明，基本上沒有參考前人的論述。相對而言，陳氏《評傳》為了說明商鞅所身處的戰國時代背景，既利用了王桐齡《中國史》一書對中

---

36 陳啟天：《商鞅評傳》，頁 131。

37 《麥孟華集》，頁 279-282。

國歷史時代的劃分，以及該書對春秋戰國時代國家合併的描述，並利用顧炎武《日知錄》、蘇軾《東坡志林》等前人的論述，以深化說明由春秋到戰國時局的變化，可見陳氏的闡釋更具系統，而材料更為詳實。總括以上兩點，陳氏《評傳》較麥氏更能做到「史家累積資料的功夫和辨別真偽的眼力」。[38]

在「論斷」方面，陳氏亦不同於麥氏以西方歷史比附商君變法的取向，而是從中國歷史的變革中，肯定商君變法的歷史意義，如《評傳》云：

> 這兩次大變法，將商鞅以前的社會和政治整個換了一個新局面。這個新局面的直接結果，確立了秦國統一六國的基礎，間接的影響，支配了自秦至清的中國社會和政治經濟。自漢以後，雖社會和學術方面蒙上了儒家的采色，然在政治和經濟方面仍以商鞅的改革做骨幹，不曾發生根本變化。如果承認孔子是中國固有學術的惟一權威者，便不能不承認商鞅是中國固有政治的惟一權威者。如果承認周公是秦以前封建政治的創立者，便不能不承認商鞅是秦以後君主政治的創立者。自清末到現在，中國社會和政治經濟等方面，雖正在改變新趨向，然商鞅的改革仍間有重行酌量實行的必要。其中最值得重行酌量實行的，恐怕就是法治主義與軍國主義罷。[39]

38 趙白生：《傳記文學理論》，頁 58。

39 陳啟天：《商鞅評傳》，頁 18。

以上可見，陳氏意欲重新評價商君變法的歷史意義，甚至將商君與周公、孔子並論，欲以塑造商君成為一位能與儒家聖人並列的偉大政治家。此舉的目的在於，將商君從在前人儒家底蘊的偏見中解放出來。值得注意的是，陳氏所用評價商君的方式與麥氏完全不同，他並不是在比附西方歷史中尋找商君學說的價值，而是重新在中國歷史的長河中，說明商君學說之影響及其歷史定位。

上文亦已指出，麥氏以科舉出身，後雖加入維新派主張改革，並積極吸收西方學說，但其思想底蘊仍是受到儒家思想所影響，所以其評價商君時，仍然肯定司馬遷認為商君之法治過於刻薄之意味，但陳氏對商鞅之評價則鮮有受到儒家德治思想所左右，如：

> 這種「壹刑」或「刑無等級無貴賤」的主張，對於前此的法律是個大革命。原來中國自周初周公制禮到商鞅變法，在法律的應用上是有差別的。統治的貴族適用所謂「禮」，被統治的平民適用所謂「刑」，彼此界限分明，不得通融。故《禮記・曲禮》有「禮不下庶人，刑不上大夫」的話。這是用法的大分別，還有「八議」的小分別。《周禮》說：「以八辟麗邦法附刑罰：一曰議親之辟，二曰議故之辟，三曰議賢之辟，四曰議能之辟，五曰議功之辟，六曰議貴之辟，七曰議勤之辟，八曰議賓之辟。」親、故、賢、能、功、貴、勤、賓八種人都要議減刑罰，那末法律不但對於貴族失卻效力，即對於非貴族而可入於「八議」之列的，也失卻了效力。儒家宗師孔子筆削《春秋》以寓褒貶，別善惡，猶有「為親者諱，為尊者諱，為賢者諱」的說法，(見

> 《春秋・公羊傳》）是歷史也因貴族等失其真實性了。商鞅所謂「壹刑」，既打破傳統的禮刑差別，又反對「八議」與儒家的諱言，而構成法律之前一律平等的觀念，這不能不説是一種有特識的創見。[40]

可見陳氏乃從法律平等的角度出發，肯定商君有別於儒家親親尊尊，且一斷於法的貢獻。可以説陳氏的《商鞅評傳》無論在取材、考證及論斷上，皆較麥氏的著作嚴謹，令商鞅研究進入了一個高峰。而且《商鞅評傳》的撰作，亦進一步奠定陳氏法家研究的基礎。陳氏於民國二十五年，即 1936 年撰寫《中國法家概論》，陳氏自言此書乃綜合其不同的法家著作，包括《張居正評傳》、《商鞅評傳》、《商君書校釋》等，以整理法家思想及歷史的一種入門書。[41] 最重要的是，在此書的〈初版序〉中，陳氏明言以法家思想救國的願望，其云：

> 曩者，予外審世界大勢，內度本國國情，既於立國方針有所主張矣。乃復求之中國歷史，而獲一可資佐證之思想，曰法家焉。我國先民自建之理論，所用以改造我國家者。自有法家，而後戰國以前列國紛爭之局，易為秦漢以後一統帝國之局。賴其餘緒，以撐支中國歷史者，已二千有餘年。我國固有學術之在政治上富有歷史價值與實際效用者，蓋莫法家若。其為説也，有「法治」焉，有「形名」焉，有「富國」焉，

---

40 《商鞅評傳》，頁 30-31。

41 陳啟天：《中國法家概論》（臺北：中華書局，2020 年），〈修正版序〉，頁 1。

有「強兵」焉。凡此皆立國之要義，通之古今中外而無或爽者。惟惜自漢以來，儒家既居獨尊之勢，而環繞中國之亞洲諸國又無一足與中國為伍者。因之法家之說，遂漸歸於伏流，而不甚顯於世。洎乎近代，歐美挾其「新戰國」之新勢力，接踵東來，益以日本崛起於海上，重儒輕法之中國，當之輒敗，積弱迄今，國幾不國，其故可深長思矣。夫法家原盛於「戰國」，奏效於秦代，已有史可證。今之世界，豈非既大且新之又一「戰國」時代乎？中國如欲在此新戰國時代，由弱轉強，由亂轉治，而獲最後之勝利，則酌採法家學說之可適用於今者，兼參以歐美學說之最利於國家生存競爭者，合為條理，措諸實行，實乃今後救國與治國之急務與南針也。顧今之學者，多喜空想，不務實際。於歐美最利於國家生存競爭之學說，既鮮系統介紹，甚至鄙為「落伍」。而於中國固有之法家學說，亦復茫然，不知所以。又何怪乎國勢之日頹，國土之日蹙乎？吾為此懼，乃不揣無學，取法家之歷史與理論，編次成書，命曰中國法家概論，藉以略示法家在歷史上之所建樹者，究為何若；在理論上之所主張者，又為何若。苟能因是喚起國人對於舊法家思想之研究興趣，且得以漸推陳出新，準時度勢，而孕成一新法家之系統理論，以挽救今後中國之危局，是則予所馨香禱祝以求之者也。[42]

---

42 陳啟天：《中國法家概論》（臺北：中華書局，2020 年），〈初版序〉，頁 1-2。

可以看到陳氏編撰《先秦法家概論》的目的與其《商鞅評傳》一致，所謂「酌採法家學說之可適用於今者，兼參以歐美學說之最利於國家生存競爭者，合為條理，措諸實行，實乃今後救國與治國之急務與南針也」，即陳氏《概論》一書希望向國人介紹先秦法家的理論，並在此基礎上吸收西方先進的政治、軍事等主張，從而挽救積弱的中國。考《先秦法家概論》論及商鞅之處，其論點皆可與《商鞅評傳》相呼應，即陳氏實將《評傳》的觀點加以概括後，放於《概論》之中，如《概論》第四章「法家的形成」中「商鞅變法的大建樹」一節，內容是根據《商鞅評傳》第一章「商鞅的時代概況及其傳略」中「商鞅的傳略」一節改編的，可見兩書關係密切。然在撰寫《商鞅評傳》時，陳氏主要希望重新論定商鞅的歷史地位，當時以法家思想作為救國思路的觀點尚未成形。至陳氏系統整體法家典籍後，包括對《商君書》、《韓非子》等文獻作仔細研究後，他認為當時的中國應以先秦法家學說作為指導，以對當時的政治改革帶來積極的作用。

值得注意的是，雖然上文陳氏明言取法西方學說之有益者，然觀諸《商鞅評傳》以及《先秦法家概論》，陳氏並沒有使用麥氏那種以商君事跡比附西方歷史的敍述方式，反而主張以中國法家思想作為主導，從而吸引西方適當的政治理論以改革中國，可見當時陳氏理想中的中國，並非一個完全西化的中國，而是在中國本土傳統文化與西方理論適用於中國者加以結合的中國。而陳氏這種想法並非他政治思想的終點，後來在 1944 至 1945 年間，陳氏相繼在《民憲》、《新中國日報》中發表他的「民主憲政」的構想。肖海艷指出「陳啟天認為，民主與憲政是硬幣的兩面，民主政治，需要一種全國共守的根本法律來確實保障。這種根本法律，就是憲法。憲法，無論成文或不成文，政府的組織與活動以及人民的權利與義務，都要確依憲法而定，所以民主政治也可稱為憲政」，[43] 可知陳氏這套政制思想可以說是綜合中、西的產物，而上述《商鞅評傳》對商鞅變法之重視，就是這種「民主憲政」思想的起點。然陳氏「民主憲政」思想與其法家研究之關係問題複雜，當另文再議。但在上述陳氏的論述中，商君乃中國歷史中舉足輕重的政治家，其功業可與周公、孔子並駕齊驅，反映商君之形塑已由備受批評的刻薄法家一躍成為可與中國傳統聖人並肩的偉人。

五、結語

以上分析了西漢司馬遷《史記・商君列傳》、晚清麥孟華〈商君傳〉以及民國時期陳啟天的《商鞅評傳》，我們可以看到古今學者對商君的評價不斷變化。司馬遷因受到西漢時代及個人遭遇的影響，雖然肯定商君變法的成效，然而對商君刻薄寡恩的法家思想作出了批判，這種論調在中國歷史中一度成為了主流。及後晚清時期，知識分子對法家、商鞅的評價開始有所轉變，其中麥孟華重新撰寫商鞅傳記，嘗試在史料及「今人之眼光」兩方面，補充司馬遷之不足，從中我們不難看到麥氏有意將商君變法與西方歷史加以比照，以證明中國能與西方國家一樣推行「法治」，從而挽救頹敗之中國。其後民國時期的陳啟天鑑於麥氏論述商君事

43 肖海艷：〈試論陳啟天的民主憲政觀〉，《湖南醫科大學學報（社會科學版）》2009 年，頁 2。

跡時亦有偏頗，因而再次撰寫《商鞅評傳》。據上文分析，陳氏在史料及前人研究成果上都大大補充了麥氏之未足，最值得注意的是，陳氏不再取用麥氏將商君比附西方歷史的論述方式，更撇開儒家思想的束縛，而是從中國歷史的長河中肯定商君變法之意義。

由此可知，歷代學者對商鞅形塑與時代背景可謂息息相關。由西漢時期，學者反對商鞅一斷於法，到晚清以來，學者對商君變法重新審視，商鞅的形象即由史遷筆下的「投機的縱橫家」，變成為清末民初「成功的政治家」。無論在麥孟華或陳啟天的商鞅傳記中，我們皆可以看到商鞅被塑造成「成功推動變法的政治家」，此形象建立的目的在於，希望透過重寫商鞅傳記以喚起國人的記憶，並希望得到他們的認同，特別是在中國歷史上曾經出現過一個明法、重法的改革者，這個鮮明的例子即展示出當時國家改革的可塑性，並進一步發揮知識分子對現代中國的想像。

* 本文曾宣讀於2022年11月24至25日臺灣中央研究院近代史研究所主辦「形塑傳記：歷史性與日常性」國際學術研討會，承蒙講評人陳煒舜教授提出寶貴意見，謹此申謝。

附編

通識文化與文學教學策略初探
——以香港中文大學「中國文化與文學」通識課程為例

一、前言

不少學者指出中國文學是瞭解中國文化的一種重要途徑，如錢穆先生〈中國文化與中國文學〉一文曾分析中國文學與文化之關係，其云：「文化乃指人類生活多方面的一個綜合體而言，而文學則是文化體系中重要之一部門。欲求瞭解某一民族之文學特性，必于其文化之全體系中求之。換言之，若我們能瞭解得某一民族之文學特性，亦可對於瞭解此一民族之文化特性有大啟示。」[1] 可見錢先生認為中國文學是中國文化其中一種重要的組成部分，要瞭解中國文化的特點，可從中國文學作品中加以探究。香港中文大學通識課程就設有「中國文學與文化」科目，其宗旨在於透過教授中國文學作品，讓學生認識中國文化的特點，以提升他們對中國文化的瞭解及鑒賞文學作品的能力。筆者曾於 2014 至 2015 年度下學期任教此科，由於課程的對象是非中文系的本科學生，他們大都較少接觸漢語及中國文化知識，而且來自不同學院與學系，這就引起筆者思考如何配合不同水準與背景的

---

1 錢穆：〈中國文化與中國文學〉，載錢穆：《中國文學論叢》（臺北：聯經出版事業公司，1998 年），頁 33。

同學之需要。為了提升教學質素，筆者重新設計此科教材及教學方法，其具體內容與教學策略如下。

二、「中國文學與文化」課程設計

有關「中國文化」的專著非常豐富，如譚家健《中國文化史概要》概括了中國古代的典章制度、各體文學、哲學宗教、文化藝術等的資料。[2] 又張岱年、方克立《中國文化概論》全面地介紹了中國歷史、文化、政治、經濟、文學、藝術等方面的知識，可見前人對於中國文化的特點作出了多種概括。[3] 但以文學作品為主要閱讀教材，並深入分析文學中的文化元素的論著並不多見。當然，不少中國文化的論著都或多或少地提及中國文學的文化特點，如李中華《中國文化概論》指出中國文學的基本特徵為：一、帶有濃厚的人文氣息；二、性情與道德合一，文學與人格合一；三、委運知命的樂天精神。[4] 李先生的概括的確有助我們了解中國文學的精神面貌，然而在論述的過程中，礙於篇幅，李先生只能以簡明的文學例子去論證其觀點。由於本課程的對象是非中文系本科生，他們較少閱讀中國文學作品，亦對中國文化傳統缺乏認知，故此，這種宏觀論述雖可參考，但亦未必能夠幫助學生深入地掌握中國文學與文化具體的特點。有鑑於此，「中國文

2　譚家健：《中國文化史概要》（北京：高等教育出版社，1988 年）。

3　張岱年、方克立：《中國文化概論》（北京：北京師範大學出版社，1994 年）。

4　李中華：《中國文化概論》（北京：華文出版社，1994 年），頁 62-67。

化與文學」課程以介紹中國古典文學作品作主線，包括了不同的文學名著，如《詩經》、《楚辭》、漢樂府詩、陶淵明詩、杜甫詩及元雜劇等，希望透過作品的研讀，讓學生認識不同時代中各種文學體裁中的文化義蘊，以加強他們對中國文化與文學的感性認知。

1. 課程的基本設計

本課程的教學目標是希望學生透過接觸中國古典文學，從而瞭解中國文化及中國文學的特點，並認識時代、地域文化、漢語的特點、哲學思想等文化因素對中國文學的影響，以擴闊其視野。據此，筆者所設計的課程希望讓學生認識中國古典文學的不同類別、形式及寫作技巧，並引導學生討論其中的文化觀點。授課方式講求講授與討論並重，課程內容可分為兩部分，第一部分着重介紹文學作品的背景資料，如朝代、作者、文學體裁、前人評論等，藉以使學生能「知人論世」，打下瞭解文本的基礎。如在「陶淵明詩與酒」之單元，講授內容先由作者生平、前人評價、作品基調等資料開展，其後才進入文本閱讀。第二部分利用專題形式，選讀若干相同主題的作品，並由作品出發，重新引證前人對中國文化特點之論述，如上述陶淵明之單元，在講解陶詩文本後，再具體闡釋陶詩中「酒」的意象在中國文化史上的意義。在講授的過程中，筆者不時在所選取篇章中提出若干問題，以在課堂中與同學互相討論，加強課堂的互動性。

本課程的單元一為導論，以論述「文學」與「文化」之內涵，其他單元則採取主題式的設計，每一單元以一文化焦點作中心，從而組織不同文學篇章，具體如下：

圖表一：課程大綱

周次	講課內容
一	單元一：中國文學與文化導論
二	單元二：《詩經》與情
三	單元三：屈原與九歌
四	單元四：《史記・游俠列傳》及其文化意義
五	單元四：《史記・游俠列傳》及其文化意義
六	單元五：〈孔雀東南飛〉與中國悲劇意識
七	單元五：〈孔雀東南飛〉與中國悲劇意識
八	單元六：陶淵明詩與酒
九	單元七：杜甫詩與中國學術思想
十	單元七：杜甫詩與中國學術思想
十一	單元八：〈王粲登樓雜劇〉及其文人文化精神
十二	單元八：〈王粲登樓雜劇〉及其文人文化精神
十三	課程總結

(香港中文大學每一學期的上課時間約為十三周，而本課程的課時為每周兩小時)

單元一：中國文化與文學導論

本單元為導論，主要論述「文學」與「文化」之關係，並引導學生認識以下問題：(1)「文學」的含意？(2) 我們為何需要文學？(3) 文學有什麼功能？(4) 文學與文化之關係。在此導論中，本課程特別強調我們應該從文學的功能去瞭解人生、文學與文化之關係。如錢穆先生在《世界局勢與中國文化・文化與生活》指出「人生」與「文化」關係密切，「人生」是「文化」的組成部分，同時「文化」又是「人生」的生存空間。[5]當我們瞭解「人

---

5 錢穆：〈文化與生活〉，載錢穆：《世界局勢與中國文化》(臺北：聯經出版事業公司，1998 年)，頁 61。

生」與「文化」的關係後，那麼「文學」又如何與「人生」、「文化」產生聯繫？簡言之，「文學」就是聯繫「人生」與「文化」的橋樑，這可從「文學」的功能作引證。朱壽桐《文學與人生十五講》曾分析文學的功能，分別是「體認人生」、「延展人生」及「滋養人生」。[6] 當我們利用「文學」去探討「中國文化」的特徵時，所注重的是文學「體認人生」的功能。而在閱讀中國古代文學作品的過程中，學生亦可享受到文學「延展人生」及「滋養人生」的作用。透過以上的導論，可讓學生瞭解到中國文化與文學的性質及兩者與「人生」之間的關係。

單元二：《詩經》與情

本單元主要探討人情與中國文學作品之關係。《詩經》乃中國第一本詩歌總集，距今已有三千多年的歷史，其中以民間的民歌為主，加上士大夫及廟堂的祭歌所組成。《詩經》作品中的一大主題就是「人情」，其中包括親情、愛情、友情等都是《詩經》的描寫題材，由此可反映中國文化中重情之特點。

單元三：屈原與九歌

本單元主要探討地域文化對文學之影響。屈原之《九歌》乃改編自楚地民間的祭歌，其中的內容來源楚地的神話傳說，有強烈的楚文化特點，故此研讀《九歌》，有助更深入地瞭解地域文化與文學作品之關係。而屈原對神話、傳說的吸收與轉化，實為文人創作的一大貢獻，有重要的文學及文化地位。

---

6 朱壽桐：《文學與人生十五講》（北京：北京大學出版社，2006年），頁 93-100。

單元四：《史記・游俠列傳》及其文化意義

本單元主要介紹司馬遷生平、《史記・游俠列傳》的內容及其文化意義。司馬遷創立中國第一本紀傳體通史，上至帝王將相，下至平民百姓都見載於《史記》中。而《史記》特立〈游俠列傳〉，把游俠作為專門的描寫對象更是史遷的創見。〈游俠列傳〉使我們對「游俠」這一階層有更深入的認識，並能瞭解史遷對游俠的特殊看法，從而掌握西漢前期的游俠風尚，故此〈游俠列傳〉在文化學上有其特別的意義。此單元亦結合後世歌詠俠士的文學作品，如李白〈俠客行〉等，加以介紹，以見「任俠」觀念之演變。

單元五：〈孔雀東南飛〉與中國悲劇意識

本單元主要介紹〈孔雀東南飛〉的內容及其所展現的悲劇意識。前人認為中國小說戲曲並無西方之悲劇，而中國的悲劇亦不及西方的淒美。唐君毅先生認為中國悲劇自有其特點，當與西方悲劇別而論之，才可瞭解中國的悲劇意識。本單元以古詩〈孔雀東南飛〉的故事情節來比照唐君毅先生的觀點，以見中國式的悲劇意識，從而反映中國文學的精神面貌。

單元六：陶淵明詩與酒

本單元主要介紹陶淵明的生平及其詩作，並說明陶詩對「酒」的描寫在中國文化上的意義。陶詩的主題以山水田園為主，其中反映出作者歸隱自然、平淡自適的生活態度，這種志向對歷代文人有很大的影響，可以說陶淵明已經是隱逸詩人的象徵。而「酒」在其詩中並非只是一個普通的描寫物件，而是將其生活意志詩意地展現的工具，故陶詩中的「酒」具有特別的文化意義。

單元七：杜甫詩與中國學術思想

本單元主要介紹杜甫生平及其詩作，並嘗試指出漢語特點與唐代近體詩格律之關係，最後探討中國哲學思想對杜甫詩作之影響，以見中國學術思想與文學作品之關係。

單元八：〈王粲登樓雜劇〉及其文人文化精神

本單元主要探討元代特殊背景對元雜劇創作之影響。元代是蒙古人以異族身份統治中國的第一個朝代，其中歧視漢人的政策，令漢族文人多失意於仕途，而將畢生精力投入於雜劇創作。故此，雜劇中的情節就是文人抒發其鬱悶的最佳媒介。〈王粲登樓〉亦不例外，作者透過對歷史上王粲事跡的改造，表達出其懷才不遇的感嘆，道出了當代文人的精神面貌，反映了作家的文化背景與其創作風格的關係。

以上八個單元，皆從不同體裁的文學作品說起，既注重文本的閱讀，亦重視其中的文化精神的闡釋，從而展開中國文學與文化的多元論述，以提升同學對中國文學與文化特點感性的認識。

2. 主題式單元設計

黃美鈴〈通識文學教育的核心能力培養——以交通大學文學經典課程為例〉指出：「主題式單元設計即是以主題作為學習核心，用主題來組織教材，以相關性內涵引出整體單元學習目標。

主題式的課程設計，由相關的主題連結、解發，見樹見林，經由這些主題帶出該單元學習的核心要素。」[7]可見主題式單元教學之好處。

上述的課程設計，基本就是以不同單元作主線，串連各種教材。例如，在「《詩經》與情」單元中，筆者以「人情」作為線索，在三百零五篇的詩歌中選取三首不同情感的作品向學生進行導讀。在講授之先，筆者先以現代學者吳森〈情與中國文化〉一文作引子，讓學生瞭解中國文化精神中有重情的特質，文中以儒家思想講求「三年之孝」為例，指出古人對父母有情，其後吳氏更舉出多個中國文學的例子，如潘岳、杜甫、蘇軾等的作品，以證明「中國人對情的重視，不只是對父母兄弟子女夫婦朋友之情，也不只是對一般貧苦大眾之情，而且對死人有情，進而對古人有情」，[8]可見中國文學作品中的情意。

其實早於西周的《詩經》已經有大量描寫人情的作品，包括親情、友情、愛情等的描繪，而《毛詩・大序》云：「詩者，志之所之也。在心為志，發言為詩。情動于中而形於言，言之不足，故嗟歎之；嗟歎之不足，故詠歌之；詠歌之不足，不知手之舞之，足之蹈之也。」所謂《毛詩》乃指西漢時期魯國人毛亨注解《詩經》的著作，其中解釋了詩與歌、舞的關係，而「情動於中而形於言」就指出情意在人的心中活動，如果通過語言表達出來，那就形成了《詩經》的作品，可見古人認為《詩經》就是情意

7 黃美鈴：〈通識文學教育的核心能力培養——以交通大學文學經典課程為例〉，《通識教育學刊》2010 年第 6 期，頁 40。

8 吳森：〈情與中國文化〉，載吳森：《比較哲學與文化一》，臺北：東大圖書股份有限公司，1978 年，頁 27-52。

的反映，而《詩經》的篇章就是中國早期文化中人情的表達，其中亦可以顯示中國文化中重情的特點，從而引證吳說。

《詩經》中有大量描寫人情的作品，筆者以親情、愛情及友情作主題，介紹《詩經》的篇章，從而讓同學瞭解中國早期文學作品中對各種人情的表達：一、親情：《小雅・蓼莪》；二、愛情：《衛風・木瓜》；三、友情：《小雅・伐木》。除了感情的線索外，筆者選這三篇亦在呼應《詩經》三種的表達技巧——「賦」、「比」、「興」。如《小雅・蓼莪》首句：「蓼蓼者莪？匪莪伊蒿。哀哀父母！生我劬勞。」清人馬瑞辰《毛詩傳箋通釋》：「莪蒿即茵陳蒿之類，常抱宿根而生，有子依母之象，故詩人藉以取興。」[9] 可見《蓼莪》首句用以莪、蒿、蔚等植物作起興，利用了蒿類植物的特性，以抱根而生的莪與散生無用的蒿、蔚作對比，把自己對父母的思念形象化，並由此物象聯想到父母的勞苦，將其人生的境遇與自然景物合一。

而《衛風・木瓜》：「投我以木瓜，報之以瓊琚。匪報也，永以為好也。」全詩三章，每章只換入個別字眼，以詩人口吻反復詠唱兩家互相贈答之情誼，明顯用「賦」，直接描寫出贈答雙方的情意。又《小雅・伐木》：「伐木丁丁！鳥鳴嚶嚶。出自幽谷，遷于喬木。」近人林義光《詩經通解》云：「伐木，喻朋友相切直也。凡木枝有時須伐之以促其木之成長，朋友切直之言逆耳而有益，如伐木反可以益木。」[10] 可知林氏認為〈伐木〉首句即用「比」。錢穆《中國文學論叢・中國文化與中國文學》曾經指

9　馬瑞辰：《毛詩傳箋通釋》（北京：中華書局，1989 年），頁 328。
10　林義光：《詩經通解》（上海：中西書局，2012 年），頁 182。

出《詩經》這種比、興技巧不單止是一種文學的手法，更是一種將「人生」與「自然」融為一體的藝術呈現，最能體現中國傳統思想中「天人合一」的精神。[11] 由此可見，透過教授〈蓼莪〉、〈木瓜〉、〈伐木〉等三篇作品，學生既可以體味中國古代不同種類的情思，又可深入瞭解中國傳統詩歌各種基本的表現手法及其文化精神。

又如，另一單元「杜甫詩與中國學術思想」，以中國學術思想對文學作品的影響作主題，選取杜詩中不同內容、風格的作品，從而顯示中國文化與文學互融的特點。本單元先介紹杜甫生平，又以杜詩為例，簡介唐詩之體制，以指出唐詩格律與漢語特點的關係，讓學生加深對杜甫與唐詩之認識。其後以儒家思想、道家思想、佛家思想為線索，重點介紹杜詩與中國學術思想之關係。鄧小軍〈論中國傳統詩歌的文化精神〉指出中國古典詩歌中包含了豐富的人文精神，諸如以仁為本、民胞物與、國身通一以及天人合一等，其中可以顯示出中國文化的特點，而文中更多以杜詩為例，加以闡釋，反映杜詩的文化精神面貌。[12] 而杜詩這些文化精神其實源於不同的哲學思想，如儒家、道家、佛教等，此單元將分別舉例說明，以見各種哲學思想與杜詩之關係，從而瞭解杜詩文化精神的根本：在「儒家」主題下，本單元選取了〈奉贈韋左丞丈二十二韻〉、〈無家別〉；在「道家」主題下，本單元選取了〈立秋後題〉、〈題張氏隱居〉；在「佛教」主題下，本單元選取了〈游龍門奉先寺〉、〈江亭〉，一共六首作品。此六首作品亦

11 錢穆：〈中國文化與中國文學〉，頁 34-36。

12 鄧小軍：《論中國傳統詩歌的文化精神》，載《江海學刊》，1989 年第 1 期。

包含了唐詩不同的體裁，如五言古詩、五言律詩及七言律詩等，既可豐富學生對唐詩體制的瞭解，亦可反映杜甫「兼善眾體」的藝術才華。

為了能做到具體的講解，此單元的教材力求深入淺出地表達杜詩與中國學術思想之關係，如在講授〈奉贈韋左丞丈二十二韻〉後，教材羅列儒家文獻材料以引證杜詩中的儒家取向，如《論語・陽貨》:「子曰：『夫召我者，而豈徒哉！如有用我者，吾其為東周乎？』」孔子認為若有上位者重用他，他必藉此以復興周道。而詩中杜甫透露自己的志向是「致君堯舜上，再使風俗淳」，與孔子的志向相同，明顯是儒家入世，欲以治國治民之思想。又《孟子・公孫丑下》:「如欲平治天下，當今之世，舍我其誰也？吾何為不豫哉？」孟子這種自信能治世的奮發精神，與杜詩中「自謂頗挺出，立登要路津」的論調頗為一致，可見孟子與杜甫均有積極向上之志，這些書證皆可反映儒家思想對杜甫之影響。

總而言之，主題式的單元教學，可以避免了單調、單向的文本教授，而透過不同主題重新組織教材，以突出各種中國文化與文學的特點，更容易讓同學掌握課程中的內容。

3.「文本」與「文化」對話——學生課堂參與的多元教學模式

為了引起學生的課堂參與，並提高他們對該科的興趣，本課程不單利用單元主題組織教材，並利用「問題」及「文化現象」作中心，引起同學參與，深入地討論相關的論題。如在「《史記・游俠列傳》及其文化意義」單元中，筆者先詳細地向學生介紹《史記・游俠列傳》的內容，使他們知悉司馬遷對游俠的定義及其評價，並瞭解《傳》中各游俠的行事與形象。其後，筆者指出自《游俠列傳》標舉「游俠」此一階層後，歷代不乏歌頌「游俠」的文人，「游俠」已成為後代文學作品主要題材之一，如唐代的李白即以「任俠」自居，其詩作中不少題材都是剛健爽朗的俠客之士。筆者以李白〈俠客行〉為例，指出中國文學作品中有「尚俠」的文化現象，並引導同學討論李白詩中的「俠」與《史記・游俠列傳》中的「游俠」在形象上、行事上的異同，從而啟發學生思考「俠」在中國歷史中的演變。

經過以上多角度的討論，既把教學重點變成不同問題，引起學生思考，又把講述方式從「單向講授」走向「集體討論」，加強同學的參與。在這過程中，學生不單閱讀文本，更學懂從文本中引證學者對於中國文化特點之論述，並運用其批判思維令「文本」與「文化」產生對話。

4. 利用多媒體資源引入主題

在課程中，教師亦可以利用不同的媒體資源，如舞臺劇、電視劇集等，來引入主題，從而增加課程的趣味性。如在「屈原與九歌」的單元，筆者在講解〈湘君〉、〈湘夫人〉迎神、送神的情節後，繼而介紹臺灣劇團「雲門舞集」近年以現代舞重新演繹《九歌》中的「湘夫人」，由此反映屈原作品的魅力至今不衰。又如在「〈孔雀東南飛〉與中國悲劇意識」的單元中，筆者以內地劇集《孔雀東南飛》的情節引入原文的講授中，引導學生討論劇集情節與原文的差異，以見後人如何改編原作，此亦可加強學生的投入感。以上的示例，除了可以增加趣味外，亦可側面反映中國古典文學的生命力，顯示古典文學與現代文化的關係其實非常密切。

三、結語

本文介紹了香港中文大學通識文化與文學的教育理念，並詳細討論了筆者對「中國文化與文學」課程的具體設計，其中希望藉着主題式單元教學組織，以突出不同的教學重點，並利用「文本」與「文化」的對話，加強學生在課堂上的參與，啟發他們思考不同論題，從而提高通識文學與文化的教學效果。筆者希望本課程的設計，能為日後不同大專院校中的相類課程，提供適切的參考。

* 本文曾發表於英國漢語教學研究會編 *Applied Chinese Language Studies VII* (2016): 208-218。

鳴謝

聯合書院基金會贊助